唐宋八大家故事集

千秋醇儒 曾巩

▶ 主编：东方慧子

▶ 参编：徐　敏　乔柏梁　司俊平

　　　　杨雪姣　唐卓琦　侯懿净

浓缩八大家风雨人生

风雅与深情　旷达与忧伤

天下雄文　品鉴不朽华篇

青少年心灵成长阅读精品

WUHAN UNIVERSITY PRESS

武汉大学出版社

图书在版编目(CIP)数据

千秋醇儒曾巩/东方慧子主编.—武汉:武汉大学出版社,2015.7(2020.7重印)

唐宋八大家故事集

ISBN 978-7-307-16293-8

Ⅰ.千… Ⅱ.东… Ⅲ.曾巩(1019～1083)—生平事迹 Ⅳ.K825.6

中国版本图书馆CIP数据核字(2015)第148290号

责任编辑:聂勇军 责任校对:李孟潇 版式设计:马 佳

出版发行:**武汉大学出版社** (430072 武昌 珞珈山)

(电子邮箱:wdp4@whu.edu.cn 网址:www.wdp.com.cn)

印刷:湖北省荆州市今印印务有限公司

开本:720×1000 1/16 印张:7.25 字数:77千字

版次:2015年7月第1版 2020年7月第6次印刷

ISBN 978-7-307-16293-8 定价:20.00元

曾巩（1019—1083）

　　曾巩，字子固，建昌南丰（今江西省南丰县）人，后居临川。北宋散文家、史学家、政治家。"南丰七曾"（曾巩、曾肇、曾布、曾纤、曾纮、曾协、曾敦）之首，世称"南丰先生"。

　　曾巩是北宋诗文革新运动的积极参与者，宋代新古文运动的骨干。他主张"文以明道"，其文"古雅、平正、冲和"。

　　曾巩成就虽不及韩、柳、欧、苏，但也有相当大的影响。苏辙赠诗赞曰："儒术远追齐稷下，文词近比汉京西。"

　　存世有《曾巩集》《元丰类稿》《隆平集》等。

前　言

　　"唐宋八大家"是唐宋时期八大散文作家的合称，指的是唐代的韩愈、柳宗元和宋代的欧阳修、苏洵、苏轼、苏辙、王安石、曾巩八位文学巨擘。在明初，朱右最初把这八个作家的文章编选在了一本书中刊行，名为《八先生文集》，后来，唐顺之在《文编》一书中也选用了这八个人的文章。之后明朝古文家茅坤对前人的文章进行了整理和编选，最后取名为《唐宋八大家文钞》，共一百六十卷，"唐宋八大家"从此得名。

　　"唐宋八大家"闻名于世，他们的一生充满了传奇色彩。韩愈和柳宗元有着特殊的地位，他们是古文运动的倡导者，在中国文学史上有着非常巨大的贡献。欧阳修是一个文学奇才，他的创作非常丰富，是宋朝第一个在散文、诗、词各方面都有很高成就的作家。苏洵抱济世之学，他在政绩上没有什么辉煌的成就，为文却耀眼夺目，其文不屑蹈袭前人的旧踪，能够据前人皆知的史实，挖掘出新颖独到的见解。

　　苏东坡是中国文学艺术史上罕见的全才，也是中国数千年历史上被公认为文学艺术造诣最杰出的大家之一，但他仕途失意，屡遭贬谪，一生坎坷。

苏辙与其父、兄合称"三苏"，他创作出了数量可观的政论和史论。虽然他的才气不如其兄苏轼，但他的文章于冲和淡泊中蕴蓄着沉雄雅健之势，也有着很高的艺术造诣。

王安石一生脚踏实地，做过很多小官，如知县、通判、太守等，后来当了宰相。他是一个有勇气、有担当的男人，敢于打破陈规陋习。王安石变法对后世的影响非常深远，但是，也有人评价其变法是一场社会灾难。是非功过，千秋之后犹难论定。

曾巩"家世为儒"，幼时读诗书，脱口能吟诵。当官后，为政廉洁奉公，勤于政事，关心民生疾苦。综观曾巩一生，历任州郡官吏十几年，在京师做官的时间不多，整理古籍、编校史书，也很有成就。

他们的人生多难，政途不如意，但在文学方面却有着不可多得的才华。他们的文章不仅仅在唐宋时期非常有名，即便在今天看来，也有非常高的造诣，对当今社会的文学发展有着深远的影响。比如：韩愈的文章构思精巧，气盛言宜；柳宗元的文章说理深邃，牢笼百态；欧阳修的文章唱叹多情，从容不迫；苏洵的文章纵横雄奇，一波三折；曾巩的文章淳朴平实，深切往复；王安石的文章锋利雄奇，绝少枝叶；苏轼的文章行云流水，随物赋形；苏辙的文章委曲明畅，尤长策论。他们的文学成就反映了唐宋时期的文化，也为今天的青少年学习中国古代传统文化提供了宝贵的借鉴。

在编写本书的过程中，我们期望能使多数读者朋友不至于同阅读史料一样，感到枯燥乏味，而是从围绕史实故事、趣闻以及议论中轻松地了解到"唐宋八大家"的生平阅历、艺术成就。

本套书选取八位大家一生中的典型事件，向读者介绍他们的生平事迹、人际交往、人品性情、处世之道、道德文章，以及生活中的趣闻轶事。读者朋友特别是青少年朋友在阅读中既可获得文史知识，又能受到人生启迪。

　　本套书在编写过程中虽然倾尽全力，但由于编者水平所限，难免会出现疏漏或错讹之处，恳请读者批评指正。本套书在编写过程中也参考了前人撰写的相关资料，对他们的辛苦付出也表示衷心的感谢！

编　者

2015 年 6 月

目　录

目 录

第一章 弱冠才情

说起曾巩就一定要说说南丰县。南丰县在江西省境内，始建于三国时期太平二年（公元257年），当时由于县城境内常产嘉禾，所谓嘉禾，就是指一茎多穗的稻谷，古时人们将这种稻谷视为祥瑞象征，因为盛产这种多穗的稻谷，所以这个地方也就被认为是吉祥之地，后来就叫做丰县。

在徐州境内也有一个丰县，当地的人们为了区别两个丰县，根据地理特征，就将江西境内的丰县加了个"南"字，所以江西境内的丰县被称为"南丰县"，该称号一直延续至今，南丰桔就是该县的特产。

北宋天禧三年（公元1019年）八月二十五日这一天，南丰县世代为儒的曾家出生了一个男婴，这个男孩就是日后被誉为"唐宋八大家"之一的曾巩。因为家乡在南丰，所以后来曾巩一直被人称为"南丰先生"。

曾巩出生的天禧时代，此时北宋的全盛时期早已结束了，国家处于内忧外患的境地。宋朝开国之后，建立了一整套专制的中央集权制度，朝廷为了维护统一，采取了一系列恢复和发展农业、手工业和商业的措施，然而，经济和文化的发展无法改变当时的社会矛盾，地主官僚阶级为了自身的利益，根本不考虑农民的死活，大肆兼并土地，在国内矛盾不断激化的情况下，北部边境地区也战事频繁，宋朝统治者不断征兵、加赋，朝廷强加给人民的赋税和徭役日益繁重。

国家越来越贫困，人民生活在水深火热之中，终于引起广大劳动人民以及进步的地主阶级政治家、士大夫的强烈不满，农民起义日增，朝廷内的有识之士要求革除弊政、变法图强的呼声日益高涨。

为了能够革除弊政，在庆历三年（公元 1043 年）和熙宁二年（公元 1069 年），曾经有过两次变法运动，这两次变法，都提出过一系列的改良措施，希望通过变法，达到富国强兵的目的，缓和国内外不断增加的危机。但是，这两次变法都触犯了大官僚地主阶级的利益，遭到保守派的强烈反对，再加上变法革新者本身的局限性，这两次变法都失败了。

北宋时期虽说社会矛盾日趋激烈，但是，当时的文坛却特别繁荣，曾巩就处于这样的一个文学繁荣时代。

曾巩自幼勤奋好学。曾巩在少年时代就显露出过人的才华，十二岁时就能做到下笔如有神，并写出了气势磅礴的《六论》，当时的文坛泰斗欧阳修见了此文也大加赞赏，称曾巩是"未冠，名闻四方"。

曾巩小时候非常聪明，曾经在曾氏学舍读书学习，当然，和其他的孩子一样，少时的他非常贪玩。他曾在文章中这样写道："予幼从先生受书，然是时，方乐与家人童子嬉戏上下，未知好也。"

当时，曾巩住在后来被叫做"密公旧宅"的房子里，这房子位于南丰县东广慈寺侧，今南丰县城前街。虽然没有官宦世

家华阁崇楼、峥嵘轩峻的气象，却也宽敞，前厅后院俱全。大门高悬着"秋雨名家"的匾。

曾巩小时候，其父亲在信州府玉山县任县令，但家中亲人多住在临川，他和几个兄弟都生在临川、长在临川，大部分时间在临川读书。

宋代的临川，是"名儒巨公，彬彬辈出"的地方，从晋到宋，许多著名文人学士（如王羲之、谢灵运、晏殊等）都在临川定居、为官，使临川一带学风蔚然，人才辈出。充满清廉刚正和笃学成风的家庭、乡土环境，给曾巩的一生留下了深刻的影响。

曾巩曾住在祖父的旧宅里。相传，曾巩的祖父曾致尧任光禄丞监越州酒税官时，有一次，他回家省亲的时候，衣冠破旧，人也非常瘦弱，乡亲中便有人议论纷纷，认为他作为一个当官的，竟然如此寒酸。可是，曾巩的曾祖母周氏却高兴地说："贫而见我，是我荣也，若随贵重财礼而归，就使我担忧了。"

从曾巩曾祖母周氏的话里，可以看出曾家世代清廉的家教，曾祖母周氏以儿子为官清廉为荣，为儿子关心百姓疾苦、不贪图金钱富贵的好品德感到荣幸，为此，曾巩祖父就将家中老宅的花园命名为"荣亲园"。

曾巩幼年时，就住在祖父留下的"荣亲园"中，祖父曾致尧一生清白的为官之道，深深地影响了曾巩幼小的心灵。

第二章　书香门第

　　曾巩出身于一个世代读书的人家，据曾巩家谱记载：曾巩的五世祖曾洪立，字展成，在唐朝任南丰县令时，政绩颇佳。高祖曾延铎，字振之，官散骑常侍。

　　曾祖曾仁旺，字伯兴，宋朝时任尚书水部员外郎。祖父曾致尧，字正臣，宋太平兴国八年（公元983年）进士，曾任主簿著作佐郎、户部郎中等职，以散文名世。

　　可以说，曾巩的家庭是一个典型的书香门第之家，曾巩降生在临川祖母家中，生母病逝后，他主要由继母朱氏抚养。

　　曾巩的远祖是夏禹的后代，姒姓。禹的五世孙封其次子曲烈于鄫（今山东省峄县境内），春秋之际，鄫国被其邻国莒所灭，其太子巫投奔鲁国并留在鲁国做官，去"阝"为曾。这就是后世曾氏的来源。

　　曾巫生子曾天，曾天生子曾阜，都名声不显，但曾阜的儿子曾点，曾点的儿子曾参，却是孔门的高弟与传人，中国思想史上的著名人物。

　　曾巩的伯父曾易简，以神童召试舍人院，著有《唐臣事迹》等。

曾巩的父亲曾易占，字不详，天圣二年（公元 1024 年）进士，历太子中允太常丞，如皋、玉山知县，其为人性格耿直爽朗，为官清廉善治。曾易占文采极佳，尤善诗文，曾易占好学不倦，素有文名，不求闻达于世，却心忧天下，对时政多有议论，他曾上书仁宗，批评朝廷对外妥协苟安的政策。著《时论》三十篇，见识不凡。

《时论》十卷曾风行于世，所论皆天下大事，如"辨邪正之实，去万事之例，而归宰相之责；破佛与老，令兵为农，以立天下之本；设学校，奖名节，以材天下之士；正名分，定考课，通财币，以成制度之法"。这些都是他的政治主张，但他却仕宦不利，仅得一个县令的小官，位不称德。晚年更是遭人诬陷，在家中闲居多年，而立之年潦倒以终。曾易占一生的命运很是令人扼腕叹息。

曾易占始娶周氏，生子曾晔；继娶吴氏，生子曾巩、曾牟、曾宰；再娶朱氏，生子曾布、曾肇。六子之外，又有女九人。

曾巩的母亲吴氏病逝时，曾巩尚年幼，曾巩是由继母朱氏抚养长大的。朱氏忠厚勤勉，善于以德施教，在丈夫去世之后，含辛茹苦地把几个未成年的子女拉扯成人。

曾巩的元配为晁文柔，名德仪，光禄少卿晁宗恪之女，晁文柔也是一个贤淑的女子，十八岁时嫁给曾巩，为人俭朴温柔。晁文柔婚后生二子，长子曾绾，次子曾综；一女庆老，三岁病夭。曾巩的继室李氏，司农少卿禹卿之女，生一女兴老，一子曾纲。

曾巩有弟四人，大弟曾牟、三弟曾布、四弟曾肇均有进士功名，在朝廷任职，二弟曾宰，官舒州司户参军等职。兄长曾哗，好学博才，能辩说，有智谋，自幼对曾巩多有教诲。此外，曾巩还有九个妹妹，均温柔多才。

曾巩曾随祖父居住在家乡南丰，于南丰凤岗书院盱江先生李觏处求学。李觏的书院"学者千余人"，曾巩以自己勤奋刻苦的学习，成绩名列前茅，被称为盱江先生的"高足"。

第三章 名落孙山

曾巩天资聪慧，记忆力非常强，幼时读诗书，脱口能吟诵，与兄长曾晔一道，勤学苦读，自幼就表现出良好的天赋。

一日，老师带曾巩秋游，两人沿着蜿蜒曲折的山路拾级而上，路上桃花盛开，花香阵阵，见此情景，老师兴之所至，捋须吟道："头上草帽戴，帽下有人在。短刀握在手，但却人人爱。"问曾巩这谜语打的是什么字？话音刚落，曾巩就脱口而出："这不是'花'字吗。"原来，"头上草帽戴"是指草字头，"帽下有人在"是指单人旁，"短刀握在手"是匕字，合起来就是"花"字。老师见曾巩如此聪明，不由得连连赞叹。

曾巩的聪慧远不止此。十二岁时，曾巩曾尝试写作《六论》，提笔立成，文辞很有气魄。到了二十岁，名声已传播到四方。

曾巩在少年时代有神童之誉，但他的科举之路并非一帆风顺。

曾巩十四岁时，他的父亲曾易占任如皋知县，他便随父前往，在如皋隐玉斋中禅寺读书，学习非常刻苦努力，时常受到同学和老师的赞誉。

　　曾巩十六岁的时候，曾易占转任信州府玉山县，曾易占在任上勤勤恳恳，忠于职守，把县里的政务办得有条有理。

　　父亲所做的一切都被略懂人事的曾巩看在眼里，铭记在心。曾易占对曾巩的学业非常重视，经常指导他阅读经、史、子、集，对他学业上的长进给予了很大的帮助，也为他日后跻身于"唐宋八大家"奠定了基础。

　　景祐三年（公元1036年），曾巩十七岁，父亲因拒绝行贿上司信州知府钱仙芝，遭诬罢官，家境从此日趋清苦。

　　同年，曾巩前往京师汴梁（今开封）参加礼部大考，但由于当时的科举专以辞赋华丽取士，而曾巩自幼喜爱汉唐风格的散文，加之家贫性耿不愿与考官结交，结果名落孙山。仕途受挫，曾巩却结识了王安石，两人一见如故，交上了朋友。

　　落榜后第二年，他离京南归，居南丰、临川等，继续躬耕苦读。

　　北宋初年，在文坛上影响最大、声势最盛的流派是西昆派，西昆派因《西昆酬唱集》而得名。西昆派的作品全部为近体律诗，诗歌内容无外乎歌咏宴饮生活，咏物、咏史及泛咏男女情爱，追求用典丰缛，属对工整，文辞华丽，音节铿锵；以唐代诗人李商隐为学习的代表。西昆派代表作家有杨亿、刘筠、钱惟演等，这些人多是在朝为官之人，因此具有很大的影响力。

曾巩在讲学过程中，痛斥了西昆派首领钱惟演、杨亿等浮华雕琢及不讲性理的文风，主张文章须"宗唐"、"明道"，倡导文章要"经世致用"、"文以载道"。

宝元二年（公元 1039 年），李元昊叛乱，北方契丹大举犯边，国势危急。曾易占出于对国家安危的关心，赴京师上书，力陈平乱戍边之策。

二十岁的曾巩很赞同父亲的做法，与父亲相随进京。但是，曾易占的意见并没有得到昏聩仁宗皇帝的重视，满腔忧愤的曾易占只得携曾巩返回故乡。

第二年，曾巩入京进太学读书。而此时，三十五岁的欧阳修由馆阁校勘改任集贤校理。

曾巩读过欧阳修的《与高司谏书》、《春秋论》等文章，由于仰慕欧公刚洁的人品和横溢的文才，所以写了《上欧阳学士第一书》等文呈献欧阳修。

在文章中，他盛赞欧阳修文章"根极理要，拨正邪僻，掎挈当世，张皇大中，其深纯温厚，与韩吏部之书为相唱和"，誉欧文为"六经之羽翼，道义之师祖"，表达自己"愿受指教，听诲谕"的心迹。欧阳修见了曾巩的这封信与相关文章之后，极为赞赏。

几个月之后，曾巩和兄曾晔，再次入京赴考，并以文章数十万言谒见欧阳修。欧阳修看到曾巩和他的文章后，非常高兴，作诗云："我始见曾子，文章初亦然。昆仑倾黄河，渺漫盈百川。决疏以道之，渐敛收横澜。东溟知所归，识路到不难。"

欧阳修不愧为当时的文坛泰斗，他既为曾巩拥有如此才情而感到高兴，同时又指出了曾巩文章当中存在的不足之处，他认为曾巩的文中仍有多用华辞之弊，最好能平和渐进。欧阳修为曾巩后来的文学创作指明了道路。

庆历元年（公元 1041 年），曾巩第二次赴试再度落榜。欧阳修为他深深地惋惜，对主考官不取这样的人才而感到气愤。于是，欧阳修写下了《送曾巩秀才序》一文赠给曾巩，劝勉他继续努力，并为自己能得到曾巩这样的门生而高兴。

序中说："广文曾生来自南丰……虽有魁垒拔出之才，其一累黍不中尺度，则弃不敢取。……而有司弃之，可怪也。"他赞扬曾巩"思广其学而坚其守。予初骇其文，又壮其志"。

第四章　家父早逝

庆历六年（公元 1046 年）九月，曾巩的父亲曾易占蒙垢含冤，罢官闲居乡里。在这十年当中，曾家的生活非常困窘。

曾易占被罢官十个春秋之后，他的冤案才得以昭雪，神宗皇帝下诏，要曾易占还京任职。接到朝廷召归的旨意之后，曾巩便陪同父亲赴京。岂料，在路途中走了一个多月，才赶到南京。刚到南京之后，曾易占就患了重病，身上不多的盘缠也已经耗尽。在朋友们的接济下，曾易占的病情稍有好转，父子一行又继续北上。由于贫困和长途跋涉劳累的双重折磨，曾氏父子走到睢阳（今河南商丘县）的时候，曾易占旧病复发，不幸死在路途当中。

曾巩强忍着丧父的悲痛，只得折回南京，得到杜衍的资助之后，曾巩扶父亲的灵柩继续南返，年底的时候，回到了故乡南丰。为了安葬父亲，曾巩变卖了家产，才把父亲的遗体葬在南丰县崇觉寺家族墓地。

从此之后，曾巩谨记父亲"不以一身的贫困，而忘记天下的忧愁，思广其学，坚其操守"的遗训，一面料理家务，一面继续发奋求学。

这个时候，家中老人只剩下曾巩的继母朱夫人，当时，继母朱夫人还不满三十岁，家中有兄弟姊妹八九个。

因为住在城里生活成本太高，为了维持一家人的生活，朱氏只好带着孩子们回到了故乡南丰，全家人靠祖上留下的一点田产过日子。

家中人口众多，弟妹们年龄尚幼，而且没有资财，曾家全靠耕田种地为生。继母朱夫人非常勤劳，她一边辛勤地料理家务，一边抚养着几个未成年的孩子慢慢地长大。

曾巩作为家中男丁，他协助母亲挑起了全家的生活重担，常常是白天劳作，晚上挑灯夜读。他的《读书》诗，生动地道出了自己当时的疾苦与心境："所勤半天下，所济一毫芒。最自忆往岁，病躯久羸尪。呻吟千里外，苍黄值亲丧。……此求苦未晚，此志在坚刚。"

《冬晓书怀》诗则更生动地叙述了他当时刻苦攻读的情景："群鸡啁哳天始明，东方吐日霜尚冰。长帘高褰扫落叶，短杌背立吹残灯"，"坐知天下书最乐，心纵尘土酒可凭"。

即使在这种非常艰难的情况下，曾巩也没有放弃过科考的希望，他一面和继母一起竭尽全力地撑持着一家人的生活，一面在贫寒中刻苦学习，曾巩常对弟妹们说："咱们要人穷志不短，一定要好好学习，努力上进，为死去的父亲争气！"

为了改变一家人的命运，曾巩决定带弟弟一起去应举，可是，由于曾家很穷，无钱送礼，考官得不到他们的好处，不愿帮助他们，所以曾家兄弟屡试不中。为此，乡里那些富豪子弟经常取笑他们，有的甚至写诗来嘲讽挖苦曾巩，有一首诗是这样写的：

三年一度举场开，落杀曾家两秀才。

有似檐间双燕子，一双飞去一双来。

面对冷嘲热讽，曾巩并不因此而失望，他的信心反而更足。回到家里，他加倍努力地钻研功课，废寝忘食地苦读，并且勤勤恳恳地教导几个弟弟，使他们读书不得有丝毫懈怠。

第五章　发奋苦读

　　为了能够金榜题名，曾巩和弟弟们共同制订了学习计划，一有空闲就坐下来温书习字。曾巩学识广博，主动给他们做老师，弟弟们也勤学好问，学问长进很大。

　　渐渐地，曾家兄弟几个都养成了良好的读书习惯。他们每到一块儿，不是读书作文，就是讨论学习中遇到的问题。常常是夜深人静时分，曾家书房里的灯火依然通明，兄弟几个仍然在伏案苦读。

　　作为兄长，曾巩要比几个弟弟睡得更晚一些，有时读书一直读到东方微微发亮，他方才上床休息。生活的艰辛、世态的炎凉，并没有消磨掉他们一家人为了改变命运而努力的决心，困境对于他们来说，反而是一种激励，激励着曾家兄弟发奋努力、改变现状的决心和勇气。

　　曾巩最喜欢读司马迁和韩愈的著作，他潜心学习这两位文学巨匠的写作技巧，终于形成了自己独特的创作风格。

　　不久，临川州学教授王君盛为王羲之"墨池"求记，三十岁的曾巩欣然提笔，一挥而就。王君盛惊叹不已，十分敬佩曾巩才思敏捷，文章严谨、明浩，说理透彻。

他不禁为曾巩感到可惜："这样的人才却长久被埋没，主考官真是有眼无珠，遗落了人间的贤才。上苍委实不公道，依我愚见，今天操纵文坛、礼部主考的那班人，崇尚西昆派，专事雕章琢句，文以失道。你如果迎合那班人的口味，稍稍改下文风，何愁不功成名就？"

曾巩听了后婉谢道："此言差矣，树木有本人有骨，岂能奴颜屈节求富贵？我曾巩平生所追随的人，就是欧阳修平生想努力做到的，就是文不害道，文道并重。"王君盛听了曾巩的一番话，很钦佩曾巩的学识和骨气。

经过一个时期的攻读，到了嘉祐初年（公元1056年），曾巩与三个弟弟以及妹婿王补之、王彦深等一门六人，全被列入了地方上推荐参加进士考试的名单之中。

将要去东京汴梁参加考试的时候，曾巩和弟弟、妹婿都到堂上向朱夫人拜别，朱夫人不无感叹地对他们说："你们之中哪怕有一个人能考中，我也就心满意足了，不再那么伤心了。"曾巩等一行六人，带着母亲的殷切期望，登上了进京赶考的路程。

曾巩的家乡南丰县有一个风俗习惯，就是每年的元宵节之后的第三个夜晚，人们多在夜阑人静的时候，悄悄地出去窃听别人说什么话，以听到的话来预测、判断一年的吉凶如何，运气好坏。

曾家兄弟被推荐时，乡里有位姓黄的书生也同时被推荐参加进士考试。这位姓黄的书生面部有瘢痕，因此乡亲们都叫他"黄痘子"。

朱夫人在儿子和女婿们同去应试之后，小辈们的前途和命运使她夜不能寐，坐卧不安。于是，她也按照当地的风俗习惯，在元宵节收灯的那天晚上，偷偷地走出去听人家说话，心里很想知道孩子们这回是否顺利，结果会怎样。

当她走进一个深巷子里时，忽然听到一个妇人高声对旁人说道："都得都得，黄豆子也得。"朱夫人顿时心花怒放，她想："莫非都要考中不成？连'黄痘子'也要考中？"

说来也巧，就在朱夫人"听人语"不久，报捷的文书就到了，这回兄弟六人同去考试，竟一个不落地全部考中了，果然，连"黄痘子"也榜上有名。其实，朱夫人去"听人语"，未必真的灵验，曾氏兄弟能够全部考中，应该是他们坚持刻苦学习的结果。

第六章　屡次落第

曾巩虽然非常有才气，然而，科举之路对于他来说，却是非常崎岖。在他二十二岁这一年，虽然得到了欧阳修的赏识，但他仍然遭遇了第二次落榜的厄运。

曾巩落榜之后，他在诗中写道："我身今虽落众后，我志素欲希轲卿。十年万事常坎壈，奔走未足供藜羹。愁勤未老鬓先白，多学只自为身兵。……非同世俗顾颜色，所慕少壮成功名。但令命在尚可勉，屑细讵足伤吾平。"他在这首《初夏有感》诗中，表达出刻苦攻读、锐意进取的精神。

庆历二年（公元 1042 年），曾巩作《上欧阳学士第二书》，感谢欧阳修对自己的鼓励和别前赠序，信中并向老师表示："日夜刻苦，不敢有愧于古人之迈，是亦为报之心也。"另外，他又写了《上齐工部书》，之后回临川，进一步攻读。

庆历五年（公元 1045 年），这一年，曾巩已经二十六岁了。在这个时候，范仲淹、杜衍等人推行庆历新法，经过两年多的实践，新法触犯了官僚、权贵阶层的利益，遭到朝廷守旧势力的反对而宣告失败，范仲淹等人也相继遭到了朝廷的贬谪。

欧阳修上疏为范仲淹等人辩护，也被指为“朋党”。这年八月，欧阳修也遭到了诬陷，被免去龙图阁学士的职衔，罢都转运使，以知制诰出知滁州（今安徽省滁县）。

曾巩得知这个消息之后，为恩师鸣不平，于是，他写了令人感愤痛切的《上欧蔡书》，交给欧阳修和谏官院的蔡襄学士，并作《忆昨》诗一首。

曾巩在书中写道：“未尝不忧一日有于冥冥之中、议论之际而行谤者，使二公之道未尽用，故前以书献二公，先举是为言。已而果然，二公相次出，两府亦更改。而怨忌毁骂谗构之患，一日俱发，翕翕万状。至于乘女子之隙，造非常之谤，而欲加之天下之大贤，不顾四方人议论，不畏天地鬼神之临己，公然欺诬，骇天下之耳目，令人感愤痛切，废食与寝，不知所为，噫！二公之不幸，实疾首蹙额之民之不幸也。”

作为一个清醒的读书人，曾巩非常关心国家的前途，满怀忧国忧民之情。他认为“今刑日烦，而民愈薄，利愈竭，而用不足，人益困，而敛未休，可为太息”（《上田正言书》）。他希望能为缓和阶级矛盾、改革现状出力效劳。他认为“若欲兴太平，报国家，则愿无容容而随俗也。……今世布衣多不谈治道，巩未尝一造而辄吐情实，诚有所发愤也”（《上田正言书》）。

从曾巩这些对当时社会现状的分析和希望天下太平的想法中，可以看出青年时期曾巩的政治抱负。

庆历六年（公元 1046 年），曾巩二十七岁，第三次赴考，但又落第。欧阳修得知消息之后，立即写信给曾巩，信中说：“虽久不相见，而屡辱书及示新文，甚慰瞻企。今岁科场，偶滞遐举，蓄德养志，愈期远到，此鄙劣之望也。”

不久，曾巩去金陵，从宣化渡江，千里迢迢到了滁州，探望恩师欧阳修。两人相见，分外亲切。他们促膝长谈，论朋党，议治世，谈人事，讲诗文，叙友情，不亦乐乎。

曾巩向欧阳修学习古文写法，并向欧阳修举荐王安石的文章。欧阳修读了王安石的文章后颇为称赞，同时指出其缺点是思路不够开阔，有生造词语和机械模仿《孟子》的毛病。

曾巩把这些意见写信转告给在京师任大理评事（司法官员）的挚友王安石。欧阳修是北宋古文运动的领袖，王安石得到欧阳修的指点之后深受教益，从此文才大进。

皇天不负有心人，嘉祐初年（公元1056年），三十七岁的曾巩一门六人进京赶考，竟一个不落地全部考中了，一时成为当地佳话。

这一年，也是文化史上光辉的一年，文化巨子们闪亮倾出。

当时翰林学士欧阳修奉命知贡举，也就是主考。他决心一革科举的积弊，倡导诗文的崭新风骨，排抑"太学体"的雕琢奇涩，而这正契合曾巩的文风。

当年同科考中者还有从四川来的两兄弟，即大文豪苏东坡先生和他的弟弟苏辙。

在这次文化学者蜂拥而至的礼部试上，因为是封名改卷，本来苏东坡名列榜首，欧阳修见该卷文采飞扬，怀疑是自己的学生曾巩手笔，思忖良久，为避嫌将此卷列为第二，结果阴错阳差，原本第一的苏东坡变为了第二名。

从此，曾巩、王安石及"言由公诲、行由公率"的欧阳修三位江西籍的大家与四川眉山"三苏"平分了宋朝锦绣文章的天下。

第七章 寄情山水

麻姑山是一座道教名山，在秦代，著名隐士华子期曾在此著书，山中至今有他的遗迹"华子冈"；方士葛洪也曾在此山炼丹，在山上留下了"丹井"。

据葛洪《神仙传》记载：麻姑得道于建昌。汉桓帝时，仙人王方平降临蔡经家，召麻姑，麻姑貌似十八九岁，甚美，却自云：已经三次见东海变为桑田。后来"沧海桑田"这个成语即由此而来。因民间传说，三月三日是西王母的生日，麻姑在此采芝酿酒，赴瑶池蟠桃会向西王母献酒祝寿，因此也有了一个"麻姑献寿"的典故。

在后世，这个典故多见于诗文、绘画、戏剧当中。因为有了这个传说，地处东南的麻姑山也因"仙迹"而名扬天下。唐代的时候，紫阳真人邓思在山上主持道观，得到玄宗召见。在玄宗的提议下，山顶筑起了麻姑仙坛。后来，恰好大书法家颜真卿来任抚州刺史，应邀书写了《麻姑仙坛记》一文，后人评其为仅次于王羲之《兰亭序》的"天下第二书"。

到了宋代，自宋真宗开始，又有好几个皇帝在此兴造庙宇，题匾赐额阐扬道教。至此，麻姑山在道教史上已是赫赫有名，真的成为一座道教名山了。

曾巩在南丰期间曾畅游麻姑山，曾巩登上麻姑山的时候，正是深秋时节，此时已是"秋光已逼花草歇，寒气况乘岩谷深"的深秋时节。

麻姑山上山的道路砌有石磴，迂回伸展，直插云天。曾巩由山脚拾级而上，一路上青苔遍布，红叶黄花，两旁的古树多得不可胜数，其中有些年深日久的大树躯干中空，却又枝繁叶茂，正不知其树龄几何？想来已是久历沧桑，真可谓阅尽人间沧桑。

大约走了五里路，便到了半山亭。从这里抬头向上观看，就能看到两道泉水犹如一道白练从悬崖飞泻而下，飞珠溅玉，淙淙有声。这时虽是中午时分，日丽中天，却使人感到寒气逼人。岩旁镌刻着"玉练双飞"四字，很是切景。

回头再往下看：脚下高冈平原像鱼鳞般地上下参差，远近城镇像棋子般地纵横交错，好像自己御风来到半天一样。曾巩在半山亭歇息了片刻，便沿涧而上，很快便到了"龙门桥"。桥上架设着一个长亭，桥下垂着水帘。凭栏俯瞰，只见山石开裂，水在桥下直泻深潭。桥下有一水帘洞，洞门隐在水帘之后。龙门桥下遍布奇形怪石，或直立，或斜倚，或蹲，或卧，组成一个个小潭。当地人摹形状物，似星者叫星潭，似月者叫月潭，还有龟潭、伏狮潭等诸多名称。

越过龙门桥，曾巩来到一处宽阔的高山平原上，这里便是全山的中心——仙都观。仙都观始建于唐开元二十七年（公元739年），规模宏大，殿阁巍峨。在重重殿宇中供奉着三清神像和道教诸仙，其中麻姑塑像造型甚为生动，前来顶礼膜拜者甚多。

曾巩来到仙都观一带后，方知高山之上竟然还有这样平坦、宽阔的平地，这里除了被道观占去的大量土地之外，至少还有百顷以上的优质良田。据当地百姓说：这田竟是旱涝保收，产量高出别处的田一倍还多。曾巩饶有兴趣地观看着山中的居民在云雾中扶犁挥锄的景象，就像天上的神仙在云雾中劳作一样。

曾巩发现，麻姑山的风景秀丽非常，历来就有"麻源三谷"和"十三泉"的美称，只是被道教之名所掩，这座山的美丽动人之处反而被人忽略掉了。他在《游信州玉山小岩记》中感慨道："呜呼！自古述山水者多矣！见其瑰美幽丽，而多诿之神明之为者，其言怪诞迂谲……予不敢知也。"

曾巩这天便在山中留宿，住在一位游山时偶然结识的山民家里。山民见曾巩十分谦虚有礼，很是高兴，于是把家里平时舍不得吃的腊肉、熏鱼、木耳、玉兰片，新猎获的山鸡、野兔统统拿出来待客，而且还有用麻姑山上的泉水酿成的米酒和山中自产的稻米，这种朴素的盛情让曾巩十分感动。

凭他观察，主人的日子并不宽裕，看他的房屋破旧，身上的衣服也多处补丁，堂屋中除墙上挂着几张兽皮，屋角堆着几副锄犁外，别无他物。

本来，主人今天捕获的猎物可以拿到集市上去换钱，用于一家人伙食，现在却慷慨地用来待客，并且拒收任何酬报，这完全是古代的君子之风，虽今日许多自称为圣人之徒的士大夫，也未必能够做到，这不禁让曾巩对这个素昧平生的山民肃然起敬。

这天晚上，曾巩拥着厚厚的被子躺在山民给他安排的床铺上，久久不能入睡，他伏在枕上写下了《游麻姑山九首》，在诗中，他对桃花源、丹霞洞、半山亭、颜碑、碧莲池、流杯池、七星杉、瀑布泉各有吟咏。

除了这些江山风物、人文胜迹外，他尤其爱这里的山："岂知造化有神处，别耸翠岭参青天"，"忽惊阴崖势回合，中抱幽谷何平圆"；他爱这里的泉水："泉声可听真众籁，泉意欲写无瑶琴"，"神醒气生目无

睡，到晓独爱流泉音"；他爱这里的人："山人执袂与我语，留我馈我山中禽"，"清谣出口若先构，白酒到手无停斟"。麻姑山中的游历，使曾巩丰富了文思，扩大了胸襟，增强了他敬民爱物的仁厚之心。

后来，曾巩在滁州期间，陪同欧阳修漫游琅琊谷和琅琊溪，观赏琅琊石篆。他们登高远眺，咏诗作赋，抒发自己的抱负和不平的心怀。

欧阳修为此还写了《幽谷晚饮》一诗：

一径入蒙密，已闻流水声。

行穿翠筱尽，忽见青山横。

山势抱幽谷，谷泉含石泓。
旁生嘉树林，上有好鸟鸣。
鸟语谷中静，树凉泉影清。
露蝉已嘒嘒，风溜时泠泠。
渴心不待饮，醉耳倾还醒。
嘉我二三友，偶同丘壑情。
环流席高荫，置酒当峥嵘。
是时新雨余，日落山更明。
山色已可爱，泉声难久听。
安得白玉琴，写以朱丝绳。

曾巩也写了一首唱和恩师欧阳修的诗，他在诗中写道：

先生卓难攀，材真帝王佐。
皎皎众所病，蜿蜿龙方卧。
卷彼天下惠，赴此一郡课。
幕府既多暇，山水乃屡过。
旌旗拂蒙密，车马经坎坷。
爱此谷中泉，声响远已播。
槎横势逾急，雨点绿新破。
旁生竹相围，竦竦碧千个。
遥源窅难窥，盘石坦如磋。
游鳞戢可数，飞鸟嘤相和。
援琴薰风后，结宇寒岩左。
舼筵已得月，金纨尚围坐。

心如合逍遥，语不缀招些。

一时耸传观，千载激柔懦。

《甘棠》诗之怀，岘首泪尝堕。

况此盛德下，襦袴人所荷。

不假碑刻垂，栋牖敢隳挫。

当今甲兵后，天地合轇轲。

先生席上珍，岂忍沟中饿。

毋徐黑蟠召，当驰四方贺。

曾巩在《奉和滁州九咏九首并序》中又写道：“先生贬守
滁。滁，小州。先生为之，殆无事。环州多佳山水，最有名琅
琊山。近得之曰幽谷，先生散游其间，又赋诗以乐之。巩得而
赓之者，凡九章。”

特别是在《琅琊石篆》诗中写道：“先生抱材置荒郡，有
若此字存岩扃。当还先生坐廊庙，悉引万事归绳衡。”表达了
他对欧阳修的同情和期待他早日得到朝廷重用的愿望。

欧阳修在滁州筑有“醉翁亭”、“丰乐亭”，后又建“醒心
亭”，并作了著名的《醉翁亭记》一文，成为千古名篇。

“醒心亭”建成后，曾巩受欧阳修之嘱，在庆历七年（公
元1047年）八月作了《醒心亭记》。曾巩认为欧阳修是千载难
遇的贤人，文中他赞誉道：“凡公与州之宾客者游焉，则必即
丰乐以饮。或醉且劳矣，则必即醒心而望。以见夫群山之相
环，云烟之相滋，旷野之无穷，草树众而泉石嘉，使目新乎其
所睹，耳新乎其所闻，则其心洒然而醒，更欲久而忘归也。”

曾巩心中的“醒”还不止于此，他认为“若公之贤，韩

子殁数百年，而始有之？今同游之宾客，尚未知公之难遇也。后百千年，有慕公之为人，而览公之迹，思欲见之，有不可及之叹，然后知公之难遇也"。

实际上，曾巩心中的"醒"，是要人们对欧阳修有一个清醒的认识：他是千百年来难以遇见的大贤人，应该得到重用。这时候，欧阳修正处在逆境当中，曾巩仍然坚持着他对欧阳修的看法，这种对恩师始终如一的态度，可谓正义而真诚。

曾巩在滁州住了二十多天，才依依不舍地与欧阳修告别。这次会见，对曾巩的思想提升、文学创作，都有很大的启迪和影响。

在欧阳修的影响下，曾巩不但学习严谨、百折不挠，而且作文也是刚正朴实、千锤百炼。他把陶冶自己崇高的品德放在第一位，把求学作文也当做修炼自己的道德修养一样看待。

他提倡学问的厚实，文风的朴实，他写的文章，总是仔细推敲：一遍遍、一字字地认真修改，有时甚至达十数次，直到他自己认为满意时为止。

他读书提倡独立思考，在治学上不随波逐流，始终坚持自己的独立见解。他写文章注意取人之长，如果平时发现别人的好文章，便自撰一篇与之进行比较，细心揣摩，尽量吸取别人的长处，使自己的文章写得更好。如他写的《送刘希声序》，全文仅一百多字，其中可见千锤百炼之功。由于曾巩始终坚持自己认定的治学之道，并孜孜以求，因此，曾巩成为中国文学历史的星空下一颗照耀千古的璀璨之星。

第八章 坎坷仕途

大概是庆历三年（公元 1043 年），曾巩在读书期间，写了《杂文》七篇，即：《号令辨》、《时俗辨》、《论贫》、《书虏事》、《书与客言》、《书唐欧阳詹集》、《讲周礼疏》，其中许多篇是他的读书笔记。

《号令辨》这篇文章的中心内容是"令必行，则民信上而尊其令，令二三则反此"。曾巩认为，君主的政令一经发出，就必须坚决实行。只有这样，臣民才会听信君主从而尊重他的命令。如果朝廷政令朝令夕改，失信于民，非但政令不能畅通，人民还会看轻君主，这样下去就有丧失政权的危险。曾巩最后就避免朝令夕改的问题提出建议：要充分讨论，集思广益，权衡利弊，长远打算，慎重决策。

《时俗辨》则揭露了一种流传几百年的旧习，即官吏横征暴敛，不顾百姓死活。曾巩在文章中指出：官吏们并非不知道"以民为本"的治国之道，但他们却舍本逐末、弃民逐利。大灾之年，田野之中连青草都没有了，而租赋却要收足收齐；老百姓因饥饿而死的情况比比皆是，官府却不肯打开义仓救济饥民。常平仓的粮食虽然发卖，但粮价却贵得惊人。官吏们无论地位高低，或智或愚，对于搜刮民财之事都是"穷身力而行之"；而对于有益民众之事，即使诏书反复叮咛，谁也不肯留心一二，更别指望他亲自去做了。

正是因为有了这种旧习，"所以百姓未厚而仁政未兴也"。曾巩希望为官者忧其本，爱其民，这样，百姓才会富足，仁政才能实行。

《书与客言》主要是抒写"君子"的道德情操。这时曾巩名气已经很大了，在十天中便有四人向他求文，但从"义"的角度考虑，他不想给他们写文章。这时候，友人提醒曾巩："赶快给他们写，不然的话，他们马上就会诋毁你。"由此引发了曾巩对毁誉问题的一番议论。曾巩一生饱受诋毁之害，此时虽然只有二十四岁，他却已经被别人诽谤得体无完肤，但他的态度是：不怕。他说："誉，恶乎喜而慕；毁，恶乎惧而避。"

这两年，曾巩所遭受的谤伤，真是不可计数，曾巩这篇文章采取了答客问的对话形式，抽丝剥茧，层层深入。议论纵横，转折自如。语言朴实，行文活泼，充分体现了其文上下驰骋，其归必止于仁义的风格特点，是曾巩的一篇上乘之作。同时，这篇文章也是曾巩的一篇宣言书，是对造谤者一次坚定的回答。曾巩这种不因别人的赞扬而喜，不因别人的诋毁而惧的态度是积极而自信的。他之所以不怕诋毁，并非市井中所说的"胆大面皮厚"，而是以不违义、严于律己为前提的。他抵御诋毁的办法便是"自守"二字。曾巩认为，只要注重"自守"，遵行道义，"力行不倦"，"内顾不愧"，那就够了。别人毁也罢，誉也罢，一切都随他去。

《论贫》谈的虽然是农民的贫困，其实是在论述北宋王朝的冗兵问题。曾巩指出："古者有常农而无常兵，今也有常兵无常农，兵日以愈蕃，农日以愈贫，治之所以未孚者以此也。"

曾巩认为，如今的兵太多了，而今日的兵便是昨日的农民，一方面农村劳动力少了，大片的土地无人耕种而荒芜；另一方面，农民还得拿出更多的钱来养兵，能不穷吗？

根据《宋史·兵志》所载：太祖开宝年间，禁军与厢军总数为三十七万八千人，而如今，两者总数猛增到一百二十五万九千人，可见兵冗之盛。不仅如此，这些兵很少训练，纪律败坏，终日戏游街市，饮酒赌钱，十分骄惰。

欧阳修在《原弊》一文中，曾具体描述其骄惰的情形："今卫兵入宿，不自持被而使人持之；禁兵给粮，不自荷而雇人荷之。其骄如此，况肯冒辛苦而战斗乎?"有了这样的兵，国家自然会逢战辄败。

《宋史·吕景初传》载有吕景初所上的一道奏章云："比年招置（士兵）太多，未加减汰。若兵皆勇健，能捍寇敌，竭民膏血以啖之，犹为不可；况羸疾老者又常过半，徒费粟帛，战则先奔，致勇者亦相率以败。"

因为社会的现实如此，所以曾巩在这篇文章中痛陈旧兵之弊："不持一物而从出入，往往有怠色。以之值敌焉，则惧而溃。"他提出了一项解决办法："莫若择旷田，募今投而为兵者伍而耕，暇而隶武，递入而卫。"

至于另外三篇文章，《书虏事》是一篇读书心得，主要论述帝王们因妃妾而改变志向，甚至亡国的事情。《书唐欧阳詹集》是一篇读书随笔，曾巩因读此书而想起他的舅父吴迥。吴迥对欧阳詹的《自明诚论》有独到的见解，但他很早就死了。曾巩对他"卓然可畏"之才，却不为世所用而表示惋惜。

《讲周礼疏》也是一篇读书笔记。他提出了有关《周礼》

的一些问题。因为《周礼》这部书比较艰深难读，所以他准备邀同州的其他儒士，包括请精通此书的王补之进行讲解。王补之即王无咎，后来此人成了曾巩的妹夫。

神宗熙宁二年（公元1069年），曾巩奉诏出任越州通判，通判的地位仅次于州府长官，握有连署州府公事与监察官吏之权，可以协同州府长官处理政务。

曾巩在离京之际，乘朝辞转对的机会，得以上《熙宁转对疏》，他颂扬神宗"有更制变俗，比迹唐虞之志"，认为要达到这个志向，就要学习和推广先王之道。只要神宗熟读《洪范》、《大学》，得之于心，就能尽万事之理，知治道之所本，内成德化，外成法度。那么要想移风俗、振纲纪，澄清吏治，"厉天下之士使称其位，理天下之材使赡其用，近者使之亲附，远者使之服从，海内之势使之常安"也就不难办到。

但如果不是这样，皇上的用心不在于此，内不能无所牵累，外不能排除别人蒙蔽，那么，就恐怕本想效法先王的德政，结果却考虑不周密；本想起用天下智谋贤德之士，但上下意见不一。如果在这种情况下来实行变革，非但对国家没有好处，反而会使风俗纲纪更加败坏。这实在是关系到国家安危治乱的大事！

曾巩在《熙宁转对疏》中，表明了自己的政治主张，这说明曾巩是支持变法的。但他却以"内成德化，外成法度"作为变法的前提条件。

曾巩辞别了朝廷之后，乘船南下，去遥远的越州赴任。船到淮滨，他站在船头，凄然北望，不由得想起了已经死去七年的妻子晁文柔，他触景生情，写下了《又祭亡妻晁氏文》。这篇文章文辞凄恻，如泣如诉，哀婉动人。

路过京口时，曾巩弃舟登岸，游览了金山寺等风景名胜之地。京口在长江下游的南岸，徽宗政和三年（公元1113年）始置为镇江府，以后才有了"镇江"这个地名。

镇江金山寺在金山西北峰顶，是一座始建于东晋的古寺。天禧年间，因真宗曾梦游金山寺，遂赐名龙游寺，这里有江天一览亭、慈寿塔、留玉阁、妙高台、紫竹林诸景，历代名人多有题咏。曾巩摄衣登上高阁，纵目四望，见这山耸峙中流，远挹蜀浪，旁临沧海，他研墨濡毫，写了《游金山寺》一首：

> 候潮动鸣舻，出浦纵方舟。
> 举箔见兹山，岧然峙中流。
> 朱堂出烟雾，缥缈若瀛洲。
> 十年入梦想，一日恣寻游。
> ……

曾巩在诗中所说的"十年"，是指在京师馆阁十年，自嘉祐五年（公元1060年）到如今熙宁二年（公元1069年），前后正是十个年头。岁月不饶人，岁月沧桑，鬓发染霜，此时的曾巩，已经是五十岁的人了。

第九章　推荐人才

　　曾巩在青年时代，曾经得到了欧阳修的欣赏和推荐，欧阳修对人才的重视深深地影响了曾巩。因此，他在为官之初就经常与人为善，奖励后学，十分重视推荐人才。北宋时期的变法重臣王安石，就是经曾巩的举荐，才得以在政治舞台上崭露头角的。

　　王安石在十八岁以前，虽然家庭教育环境很好，但他总是闭门独学，无师友可以商量。十八岁那年，王安石随父亲到了京师，一个偶然的机会，结识了同乡曾巩。当时的曾巩已是一位颇有声望的古文家了，他一见王安石，亦为王安石才情所动，两人很快便结成了学术上的好朋友，经常互相讨论文章得失，往来十分频繁。

　　曾巩曾多次赠诗称赞他。不仅如此，他还写过好几封信给翰林学士欧阳修，极力向他推荐王安石。他在信中说："我的朋友王安石，文甚古雅，节行相称。他虽然已经得到科名（指考中进士），但现在知道他的人还是很少的。……像王安石这样的人，是不应当被埋没的。我这里很认真地抄写了他的一些文章，进献给您，希望您能仔细看看，多加指教。"

他在另一封信中又说："前不久，我曾拿王安石的文章送给您，并且在书信中作了粗浅评论。王安石自有他成功的资本，不需勉勉强强、低三下四地让人知道他的才华。我之所以这样心情急切地引荐他，是出于渴求天下的人才，并希望他们多出于您的门下，以此来作为对您的报答。请您来信谈谈其作品究竟如何，以便给其人有个定论。"

欧阳修接到曾巩的信，仔细看了王安石的文章，心中也暗暗钦佩。他再三诵读之后，觉得王安石的文章还有一些需要改进的地方，于是立即回信给曾巩，信中并寄语王安石说："还应当稍稍开廓其文，不要用造作的语句；也无须刻意模仿前人的作品，要尽力求其自然。"

曾巩见到欧阳修的回信十分高兴，马上写信给王安石，转述了欧阳修对他文章的意见："欧阳公看了你的文章，爱叹诵写，不胜其勤。欧公希望您开廓其文，不要用自己生造的话语，也不要专事模仿别人。前人曾经说过：'孟（郊）、韩（愈）文虽高，不必似之。'只取它的自然就行了。"

通过曾巩的介绍，王安石结识了欧阳修。欧阳修非常器重王安石，逢人便夸奖他的文章和品行是怎样的高尚，并多次向朝廷推荐，终于使他出人头地，名盛一时。

第十章 变法风波

北宋神宗执政时期，曾得到曾巩推荐的王安石走上了历史的前台，主持变法。这次变法是中国历史上一次著名的变法，史称"王安石变法"。

王安石所行新法陆续颁布，继七月在淮、浙、江、湖等六地实施均输法之后，九月，又颁布了青苗法。十一月，颁布农田水利法。熙宁三年（公元1070年），他又推出保甲法、免役法。

一系列新法的颁布与施行，受到了司马光等众多朝中大臣们的激烈反对。首先弹劾王安石的是吕诲。吕诲把话说得很绝，什么"大奸似忠，大诈似信，言伪而辩，行伪而坚"，他所攻击王安石的十大罪，归结起来就是三条：一曰好名；二曰专权；三曰变革。

熙宁二年（公元1069年），当时的王安石还只是副相，执政时间未久，许多新法尚未颁布，可是吕诲便将王安石一棍子打死，判定王安石是"误天下苍生必斯人矣"！

随着变法革新的不断深入，神宗对王安石的信任日益增加，熙宁三年（公元1070年）十二月，王安石以宰相身份主持变法。但就他拜相一事，也曾一度引起争论。早些时候，神宗就王安石能不能担任宰相一事，征求过参知政事唐介的意见，唐介说："王安石拘泥于古人和古书上的说法，所以议论迂阔，不切实际。如果让他执政，他必然会大量更改现行的法令、制度，因此，为保持法统，最好不予任用。"

神宗又以同样的问题问侍读孙固，孙固回答："王安石的文学品行都高出常人，给他侍从学士的职务就行了。作为宰相，必须宽宏大量，可是王安石不行，他心胸狭窄，不能容人。陛下想要得到一位贤相，吕公著、司马光、韩维都是合适的人选呀。"

曾巩和王安石同是欧阳修的门人，因此，曾巩在王安石主持变法之时，也受到了朝中反对势力的攻击，曾巩为了远离政治漩涡，请求外任，从此开始了长达十几年的转徙七州的仕宦生涯。

第十一章　亲人离世

人们常说，世事无常。一生兢兢业业的曾巩没有想到，在短短几年的时间里，他连续遭到了接踵而至的打击，他的好几位亲人和朋友都陆续去世了。

熙宁二年（公元 1069 年）闰十一月，曾巩的妹夫王无咎病故。王无咎自从与曾巩同榜登科后，当过南康县主簿、台州天台县令。他学问不凡，质直好义，在建昌一带很有声望。士大夫都仰慕他，想跟他结交，向他学习，但他却落落寡合，总是关起门来做自己的学问，唯独跟王安石是莫逆之交，并抛弃天台县令不当，"从安石游，积年不去"，后来因为妻子和孩子无人养活，迫不得已才离开了王家。不久，朝廷大兴学校，以经术培养儒生，王安石推荐他到国子监任教，朝命都快要下来了，他却不幸病死，时年仅四十六岁。

同年十二月，曾巩又失去了一个亲人，这便是他的岳父晁宗恪。晁宗恪字世恭，开封祥符人。晁宗恪为人乐易慈恕，遇事果敢有为，曾经担任过安州、杭州通判，通州、虞州、信州太守等职，所至修学校、理沟防、兴水利，为政仁厚，用法常宽，很得民心。

晁宗恪平生对曾巩这个女婿最为看重，在曾巩非常贫苦的时候，他仍然将自己的爱女嫁给曾巩，因此，曾巩对岳父的感情非常深厚。

在岳父死后，曾巩亲自为岳父撰写了《光禄少卿晁公墓志铭》，并有《祭晁少卿文》："巩早以孤，蒙与托嘉好。自始迄今，逾二十载。缱绻相与，义厚情亲。会合乖阔，则有书问。开纸披辞，犹若际遇。不意今者，公遽沦亡。得讣欷歔，涕随声发。海滨独哭，心与谁言？"

熙宁八年（公元1075年）冬，曾巩来到洪州（今江西南昌）。洪州治所在南昌，其地"襟三江而带五湖，控蛮荆而引瓯越"，地处要冲，航运发达。自隋唐以后，此地经济发展，货物山积，客商云集，遂使南北交通异常繁忙，航运和造船业异常发达。

在唐代，南昌以航运和造船为业的、住在水上的居民，竟然和城内的居民一样多。到了宋代，洪州以及整个江南西路经济空前繁荣，成为粮食主要产区之一，同时也是造船基地和当时的名窑——洪州窑的所在地。

航运出现了王安石诗中所说的"沉檀珠犀杂万商，大舟如山起牙樯，输泻交广流荆扬"的景象，使得洪州的地位更显重要。所以，后来曾巩在《洪州东门记》说到这一带为："其田宜杭徐，其赋粟输于京师，为天下最，在江湖之间，东南一都会也。"曾巩得以到这里当太守，他还是非常高兴的。

熙宁九年（公元 1076 年），曾巩失去了两个友人：一个是王同，字容季，也就是王回、王向的弟弟，他是嘉祐六年（公元 1061 年）进士，蔡州新蔡县的主簿，死时年仅三十二岁；另一个是柳子玉，两人都是文学之士，均与曾巩交好。曾巩为王同写了《王容季墓志铭》，并为他的文集作序；他还写了《祭柳子玉文》，对柳子玉沦落不遇，深表惋惜。

熙宁十年（公元 1077 年）春，曾巩得到敕命，授直龙图阁、移知福州军州事，兼福建路兵马钤辖，赐绯章服。但曾巩不愿去，他写了《辞直龙图阁知福州状》，大意是："圣恩高厚，谊岂敢辞？伏念臣老母年高，近岁多病。臣弟布已移知广州，见赴本任，臣若更适闽越，则兄弟并就远官。犬马之志，不胜彷徨。伏望圣慈矜悯，特寝新命。"

奏状发出后，曾巩情知不会得到批准，便借洪州舟船便利，连夜奉母进京，把她交由曾肇奉养。自己则将亡妻晁文柔、八妹曾德耀以及二女的灵柩装运上船，运回故乡南丰安葬。

二月，他将亡妻晁文柔葬于南丰县龙头乡之源头，并撰写了《亡妻宜兴县君文柔晁氏墓志铭》。其时夫人殁已十六年矣，但他在铭文中仍说："岁云其逝，予悲孔新。"铭文的感情色彩十分强烈。三月，他又分别葬弟曾宰、八妹曾德耀及二女庆老、兴老于南丰，并分别写了墓志铭。

熙宁十年（公元 1077 年）八月十七日，曾巩的另一妹夫、王安石之弟王安国去世，曾巩非常悲痛。王安国怀珍抱璞，满腹雄才，"于学无所不赅，于词无所不工"，只因在神宗召见他时，评论其兄王安石"知人不明，聚敛太急"，不为神宗所喜，只让他充当崇文院校书、秘阁校理这样的小官。

他虽然是王安石的亲兄弟，但他的政见和王安石有一定的分歧，但他并不是全盘否定新法，更没有站到其兄的对立面，与保守派沆瀣一气。相反，当郑侠攻击王安石为小人所误时，他立即站出来为其兄辩解，说出了"家兄自以为人臣子，不当避四海九州之怨，而使四海九州之怨尽归于己"这番话来。

他跟王安石手足之情最笃，这是可以从两人的诗文中得到印证的。王安石罢相后，吕惠卿严厉地惩治郑侠，把他投入监狱。因王安国与郑侠友善，因此受到牵连，被连坐夺官，放归故里。当皇帝以诏晓谕王安石时，王安石对着使者流下了眼泪。后来，皇帝恢复了王安国的官职，诏书刚下，王安国就死去了，终年四十七岁。

面对一连串亲友的离去，曾巩满怀悲凉，奋笔疾书，一篇《祭王平甫文》一气呵成：

呜呼平甫！决江河不足以为子之高谈雄辩，吞云梦不足以为子之博闻强记。至若操纸为文，落笔千字，徜徉恣肆，如不可穷，秘怪恍惚，亦莫之系，皆足以高视古今，杰出伦类。而况好学不倦，垂老愈专，自信独立，在约弥厉。而志屈于不申，材穷于不试，人皆待子以将昌，神胡速子于长逝。

呜呼平甫！念昔相逢，我壮子稚，间托婚姻，相期道义。每心服于超轶，亦情亲于乐易。何堂堂而山立，忽泯泯而飙驶。讣皎皎而犹疑，泪汩汩而莫制。聊寓荐于一觞，纂斯言而见意。

这篇文章是曾巩散文当中的扛鼎之作，就文章风格来说，与名篇《祭欧阳少师文》大不相同。这是因为吊祭对象身份有别，后者为恩师，所以祭文写得庄重肃穆，在感情的表达上采取了较为含蓄的方式。他对欧阳修无限感激敬仰之情，并没有直接写明，一倾而尽，而是使人得其意于语言之外；前者是他的挚友，所以祭文写得酣畅淋漓，直抒胸臆，感情激荡，一泻千里，曾巩在文章中倾注了他对故友的无限思念之情，读来令人感叹万分，垂泪不能语。

第十二章　爱民如子

　　曾巩外任共十二年，更历七郡，从两鬓微霜的五十一岁奔波到了白发皤然的六十二岁。这时的曾巩，不仅在文学上成为一代宗匠，在政治上也显示出了他的能臣形象。

　　几十年的读书学习，使他深谙治乱之理和为政之道，十二年独当一面的州郡长官岗位又使他积累了丰富的从政经验，造就了非凡的政治才能。"遇事多想老百姓"是曾巩对属官们经常说的一句话。他也常以这句话来要求自己并坚决贯彻执行。

　　"海右此亭古，济南名士多。"杜甫的名句，恰当地道出了济南历史悠久、名家辈出的人文景观。在任职济南的众多历史名流中，曾巩是政绩与文名都很出色的一位。

　　曾巩在齐州（今山东省济南）做官时，河北（指河北、山东一带）地方的官府曾发动民工疏浚黄河，需要从附近州郡调动民工参加这项工程。

　　依照当时的规定，所属州县应根据户口上的实有人数抽调民工，每两三个劳力中须出一人。曾巩想到，这样做一定会给农业生产和百姓生活造成困难，怎么办呢？他思来想去，决定放宽要求，每三至五个劳力中抽调一人，而对上只实报户口，不实报人数。这样一来，减少了劳力支出，既没有影响到生产，又节省了许多费用，当地百姓对此非常满意。

时人称曾巩为人"刚毅直方，外谨严而内和裕"，为政"必去民疾苦而与所欲者"。他曾无所畏惧地惩治豪强、安抚良民。其《秋怀》云："为州讵非忝，即事亮何成。幸兹桑麻熟，复尔仓箱盈。闾里凶党戢，阶除嚣讼清。"（《曾巩集》卷五）也就是说，我任州长自感惭愧，没有做出闪光的业绩，所幸今年庄稼丰收、粮仓充实，区域凶徒匿迹，公堂诉讼清闲。

当时，本地有一周姓富户，其子周高为富不仁，横行乡里，民愤极大，但周家"力能动权贵"，与地方官沆瀣一气，一时官府无可奈何。曾巩初来乍到，搜集证据，将周高法办，一时引万民欢呼。章丘一带有一伙叫做"霸王社"的土豪，杀人越货，无恶不作，曾巩派兵将他们悉数抓获，将三十一名罪犯判刑，发配边疆。他还在齐州开创了"保伍"之法，以五户为一保，监督出入，实行外来人口登记，有盗贼则鸣鼓相援的办法保一方平安。通过曾巩的治理，齐州盗、劫等犯罪行为明显下降，由治安案件多发之州变成了平安之州，风气为之一新。

曾巩还在济南兴修了一些益民设施，如环城西北的北水门工程。据《宋史·本传》载，曾巩曾动用盈余财力，修筑桥梁，改建驿馆，开通了由长清去博州（今聊城）、直达魏州（今河北一带）的官道，"人皆以为利"，方便了公路交通。曾巩还在济南西南的泺水之滨，修建了两大宾馆。据其《齐州二堂记》载，曾巩为此曾依据古代典籍，特意考证了历山的历史渊源和地理位置，泺水的支脉源流及绕行地段，从而将这两大建筑分别定名为"历山堂"、"泺源堂"，赋予这宏丽的殿堂以深厚的文化意蕴。"总是济南为郡乐，更将诗兴属何人。"曾巩《郡斋即事》中的诗句，反映了他任职济南的舒畅心情和由此激发的昂扬诗兴。的确，曾巩十分喜爱济南的山水名胜，诗集中有许多咏唱泉城风光的佳作。诸如大明湖、趵突泉、金线泉、舜泉、漱玉泉、鹊山亭、水香亭、北渚亭、灵岩寺等著名景点，都在他的诗篇中留下了引人注目的倩影。

曾巩在越州（今浙江绍兴）做通判（州府长官的行政助理）的时候，也做了很多对当地老百姓有益的事情。北宋的通判，虽然是个副职，但在处理政事上，是与知州同享权、共担责的，即所谓"与守臣通签书施行"。曾巩当年六月到任，随即察民情、访贫苦、搞调研。越州这个地方过去有一个流弊，即逢有募捐任务，就从各地酒场提钱交付，如果钱不够，就让乡里百姓们均摊。然而，募捐的人总想额外多收一些，所以常常借机对百姓敲诈勒索，当地百姓对此很不满意，怨声载道。

曾巩深感州县困于诸多交办和催办的事情太多，老百姓则因官吏的追逼而不胜其烦，为此他针对这种情况采取了有效的措施。

州府在给下属布置任务之前，他会先召集州官们仔细商议。如果事情确实是应该交给县里办的，则根据事情的轻重缓急和各县的具体情况，提出完成任务的期限。到期完不成的，就毫不留情地追究责任，给有关人员以必要的处分。若在执行中发现规定期限与实际情况不符，可以另定期限，但不允许不完成。期限未满，州里不派员到县督促，县里也不得派人到乡下追索，以免骚扰百姓。

开始执行时，县里不大管这一套，曾巩却动起真格，小则罚其典史，大则并劾县官，言出法随，说到做到。后来谁也不敢轻慢，每件事情都能提前着手筹办，老百姓也不会受到追逼之扰。这样做不仅节省了督办人员的案牍劳形，同时也让州里承办的事情一目了然。

在曾巩就任越州通判之前，越州常闹灾荒。每当遇到灾年，百姓们为饥寒所迫，不少人卖儿卖女、易子而食。曾巩到任后，便立即下令取缔这种悲凉的做法，同时对老百姓进行救济。

曾巩对老百姓的困苦考虑得非常周到，在他任职期间，每逢灾荒出现，就实行赊济的办法，卖粮给群众，欠账要求定期归还。但是，居住偏远的百姓们买粮还存在一定困难，尤其是孤儿寡母，进城买粮很不方便，为此，曾巩又想了一个新的办法：提前晓谕所属各县，动员财主富户自报实际卖粮的数目；而后将得到的粮食就地卖给附近的百姓。这样，居住在偏远地区的人们便不需要长途跋涉地进城买粮，可以在当地买到粮食，有效地缓解了灾荒年的买粮之困。

到了春播的季节，曾巩还出钱五万贷给农民，让他们去购买种子粮，所欠账目，要求在秋收之后偿还给公家。这一措施的采取，也帮了老百姓的大忙，受灾地区的生产也因此可以较顺利地进行了。

通过这些措施，越州百姓平稳度过了灾年，没有出现大量饿死人的情况，百姓的农事也没有扔下，广袤的田野上又泛起了新绿。

对于人才的使用，他也规定了一套制度，根据僚属每个人的专长和能力，分派他们各自的任务，不仅事事有人办，而且能够办好，曾巩只是"总揽纲条，责成而已"。所以，从表面上看，曾巩坐堂理事很快就完了，好像是无所用心的样子，却不知道他能够化繁为简，抓住了最主要的东西，所以才能做到令行禁止、不劳而治。

他的僚属开始时忌惮他太严，后来时间久了，观察到曾巩清廉正直，处事公平，没有私心，于是，都从内心敬服他，各自安心自己的岗位，并尽心尽力地做事。曾巩离任后时间愈久他们就愈思念他的好，凡是他所规划的事情，长期遵守均不作改动。后来，曾巩调任亳州时，他仍然以同样的办法治理亳州，亳州也变乱为治。

1075 年，曾巩调任洪州（今江西南昌）太守，兼江南西路兵马都钤辖（武职，主要负责防务）。洪州是当时有名的文化繁荣之地，唐代王勃一篇《滕王阁序》，使"南昌故郡，洪都新府"天下闻名。这里也的确是一个物华天宝、人杰地灵的地方，晏殊、欧阳修、王安石这些旷世名儒，包括曾巩自己，均出自这里。到洪州是曾巩多次向朝廷请求的结果，因为他母亲已经近九十岁高龄，需要照顾。

曾巩在洪州做太守的时候，有一年正赶上瘟疫流行，形势十分严重。曾巩当时非常着急，他想：瘟疫之所以蔓延得这么快，主要是乡下缺医少药，导致瘟疫无法控制。假若把药品尽快地供应到下面去，情况一定会好转的。于是，他立即采取措施，吩咐自州至县、镇、亭（比乡小的行政区划）、传（来往行人的客舍），都要积极储备药品，以备急用，要求已经发生瘟疫的地方，要抓紧组织有经验的郎中（医生）进行抢救，发现患病的人，不管他是否出得起钱，都必须马上发给药品治疗。经过治理，瘟疫很快得到了控制。

当时洪州的县镇有不少军士，这些人当中也有人染上了瘟疫。为了不给老百姓带来负担，曾巩指令县镇，让患病的军士全部住进官舍，不得占用民宅，而且还用公款帮助这些病人解决了食宿和医疗等问题。这件事情处理得当，瘟疫很快得到了控制，曾巩的做法也受到了军士和百姓们的共同称赞。

还有一次，朝廷派出的部队要经过江西去远征，皇帝命令：凡部队路过的州县必须安排好一万人的食宿。

圣旨一下，有些州县的官吏便趁机横征暴敛，催收军粮饲草，使得当地百姓无法忍受。可是，州府当中，唯独曾巩没有这样做，他为了不给当地的老百姓带来灾难，早早就进行了准备，既筹集了粮草，又为部队准备了营房、水井以及锅灶之类，件件事情都考虑得十分周到，做得很有条理。洪州当地的百姓丝毫没有因此而受到打扰，直到部队全部过完了，人们还

不知道发生了这样一件事情。

曾巩为官廉洁清正，作风严谨，深得民心，为百姓做了许多好事。当时，福州地区的佛寺相当多，佛寺的寺主在当地享有一定的特权，平素很受人尊重，也算是社会上有一定地位的人物。因此，许多僧人都特别眼红这一职位，他们争先恐后、千方百计地钻营，想当上佛寺的寺主。那时，佛寺寺主多由地方官直接任命，于是，僧人们就去贿赂官府，买通关节，有些官吏就趁机收受贿赂，大发横财。

1077 年，曾巩由洪州转任福州（今福建福州）知州，这一年，他已经五十八岁了。在北宋，这种高龄还在任地方官的，除了照顾养老，就是被贬外放，要么就是不被皇帝重视，曾巩也许属于后者。他自 1069 年外放越州以来，已在多州任职八年，以曾巩的文学名气和政治作为，皇帝只要稍微关注一下，早就可以回京点翰林、当学士了。所以，同僚们都认为他怀才不遇，《宋史·曾巩传》对他的评价就是"巩负才名，久外徙，世颇谓偃蹇不偶"。不过，曾巩并无怨言，在任上依然兢兢业业。

他在福州任职仅一年，时间虽然很短，政绩却不俗。曾巩到任后，也有不少僧人暗地里给他送礼，巴结他，希望能批准自己当寺主。曾巩很看不惯他们的这种行为，根本不予理睬。他既不受贿，也不独断专行，而是采取了这样一种新办法：让各寺僧徒们自己讨论推举寺主，将推选出来的寺主名单一一记录在册，然后按照次序，按票数多少决定寺主人选。他的这种做法受到了广大僧人的拥护。

过去，当新的寺主上任的时候，总免不了到州府衙门去拜见州官，顺便还要带上许多表示感谢的礼物。曾巩任职期间，取消了这条规矩，有人给他带来礼物，他也坚决拒收，礼物怎么拿来的，还让僧人怎么拿回去。曾巩这样做，对身边的官员影响很大，一时间，大家都效仿起来，不收贿赂，结果使得整个官府的风气都得到了扭转。

在宋代，州府以上的官吏除享受固定的俸禄（即官员工资）以外，还补给一定数量的"职田"（根据职务给予的固定田产）。在福州，州府官吏没有"职田"，却另有一大笔收入。原来，州府中有很大的一块菜园子，每年都种着各种各样的蔬菜。蔬菜成熟后，便由衙役拿到街上去卖，卖得的钱都归州官所有。

由于府里的蔬菜上市早，质量好，人们都争着购买，于是，用不着费什么力，就可挣回一大笔钱。如此一来，有时一个州官一年仅菜钱收入就可达三四十万之多。州府卖菜，往往要排挤菜农的买卖，使他们的生意难做，收入减少，造成生活上的困难。

曾巩觉得这种与民争利的做法很不合适，他管理福州的时候，停止了这种做法，州官不能再收种菜钱，种植的蔬菜也很少拿到市上去卖了。消息传出，当地百姓都很高兴。

从此以后，凡是来福州做官的，也都效法曾巩的做法，不再收取这部分菜钱了。

以上只是曾巩从政的点滴，六十岁之后，他还被朝廷安排到明州、亳州、沧州等地任过知州，所到之地，也均有政绩。与那个时期许多更有名的士大夫不同，在实际工作中，曾巩少于议论，多于实干，说得少，做得多。他以儒家的忠君爱民为出发点，简单、纯粹、执著。他一生辗转七个州，大多数时间都在基层任职，及时处理了很多涉及百姓切身利益的问题，为百姓真正做了一些实事、好事。当他任满离开时，竟有百姓紧闭城门，极力挽留，不愿意他离开。

然而，曾巩不像那些习惯于弄虚作假的政客一样，有一点功劳就大吹大擂，甚至影子都没有的政绩也要瞎吹一番，欺上瞒下，捞政绩。他对于自己的政绩从不张扬和炫耀，每次上书皇帝，他只说些尽孝养亲之类的寻常家事，其他事只字不提。而这，恰恰成了曾巩的短处。由于他不擅宣传自我，加上他在基层推行了王安石的新法，反对变法的资政殿大学士吕公著便在宋神宗面前打小报告，说曾巩"为人行义不如政事，政事不如文章"，把他评价为一个品格低下、碌碌无为的庸官，断言他不堪大用，曾巩于是一直无法以才干立朝，一辈子没有得到更好的机会施展抱负。后世的人们只知其文章，不知其政绩，他的卓越才干，便淹没在历史的尘埃中不为人知，堪称憾事一桩！

在行事、议政、文章等诸多方面，曾巩都是卓越之俊才，但是，正因为他才高，所以遭人妒忌，再加上他为人处世一概以礼义为取舍标准，既不会装假，也不会姑息迁就，不合礼义的事情，即使是权势熏天的权贵对他施压，硬要他做，他也决不会屈服。对于贪腐等行径，哪怕是举国的官吏都在做，他也决不同流合污，宁可被孤立，也要保持自己的操守，因此更遭人忌惮。所以，在曾巩二十多年的仕途生涯当中，除了为数不多的道义之交——欧阳修、杜衍、韩琦、蔡襄、赵抃等人外，他远离权贵，权贵自然也不愿意理睬他。

在政治主张方面，虽然他的思想一直倾向改革，在州郡推行新法时甚为出力，但是，朝中的改革派并没有把他引为同道，而保守派一边，也认为曾巩行事不符合他们的期望，司马光、吕公著等人也将曾巩视为异己。

在官场当中，由于两派谁也不把曾巩当成自己人，因此没有人去关心他、爱护他、帮助他，并且一旦有机可乘，便会有人谗害他、攻击他。两面不讨好的曾巩，日子相当难过，"有见嫉之积毁，无借誉之私援"，以致曾巩常常忧谗畏讥，"虑患防微绝人远甚"。

他在齐州、福州等州郡都干得非常好，政绩卓著，但满朝大臣故作痴聋，没有一个人举荐他，导致曾巩在外漂泊十几年，母子二人俱各白头。他多次上表陈情，要求回京奉养衰

亲，言辞恳切，哀婉动人，满朝却没有一个人肯替他讲话。

　　他被当权的权贵们当成了皮球，摆布得团团转，今日齐州、洪州，明日明州、亳州，接连转徙七州，仍然没完没了。最后，还是他自己要求面见皇帝，皇帝也被这个悲情的地方官感动，决定把他留下来，曾巩这才终止了继续漂泊的命运。

第十三章 创办书院

宋仁宗嘉祐元年（公元 1056 年），曾巩在临川创办兴鲁书院。他将书院取名"兴鲁"，寓意至深。因为大教育家孔子是春秋时鲁国人，曾子是孔子的杰出弟子，而曾巩又是曾子的后裔，加上临川、建昌一带乃东南人文荟萃之地，邹鲁之风盛行，曾巩把"兴鲁"两字作为书院的名称，含有"上承曾子之家学，以继周公孔子之传者"之意。

书院坐落在县城香楠峰东南隅，邻近曾巩在临川的住宅曾家园。此地在郡城中居雄胜之势，绿树成荫，风景天然，又远离闹市，幽静无比，最宜办学。

书院创办之后，曾巩亲自讲学，并订立学规。曾巩此时名闻天下，他写的文章，常常落纸便被人抢去，不久便传遍全国，士大夫们手抄口诵，如获至宝。如今由他来主持书院，四方士子闻风而至。自此，书院好生兴旺，培养了一大批人才，使临川、建昌一带文风更盛。

曾巩教学期间非常注意因材施教，培养出了许多好学生，这里讲一讲他三训陈师道的故事。

陈师道天资聪慧，能言善辩，曾巩很是喜欢，经常在书院指导陈师道读书。一天夜里，两人正读书，突然远处传来一阵玉箫声，曾巩默然静坐，不为所动，可陈师道毕竟年轻，被箫声所扰，举头望去，只见一个穿红戴绿、千媚百态、妖艳风流的女子，正在那里独自轻歌曼舞，旁边是一个使女在吹箫。陈师道一时神魂荡漾，痴呆呆地望着那风流女，手中书本早就不知去向。曾巩微抬头严厉训斥道："读孔孟书，岂可丝竹乱耳，女色动心。"陈师道顿时脸红耳热，急忙捧上书本有口无心地朗读起来。过了一会儿，一阵喧闹声传来，陈师道禁不住抬头望去，结果发现是几个下人正抬着一个金交椅向前方走来，好像是给那风流女子歇息的。陈师道早听人说谁坐上金交椅，他年必是状元郎，心想，天赐良机，不可错失，一定要设法坐上一会儿。陈师道侧目窥视曾巩，发现老师正聚精会神地研读诗文。他打算悄悄溜走，忽听到老师严厉训斥："求取功名，岂有捷径，苦读方能成功！"陈师道无奈低下头，捧上书，没奈何地读起来。此时夜已很深，陈师道又饥又冷，呵欠连连，正念叨着如何编个理由回家睡觉，四处张望，忽然眼前一亮，他发现前面不远的地方丢下了许多琳琅满目的金簪银钗、珍珠玛瑙。陈师道心想，这肯定是那风流女人丢下的，趁无人之机，何不全部拾来。正欲行动，耳边忽传来曾巩的声音："读书人岂能贪财，所求者，兴邦安民耳。"陈师道仔细思忖老师的教导，觉得句句都是金玉良言，而反观自己，玩兴大开，贪欲甚重，顿时羞愧不已，便决心抛弃邪念，矢志于学。从此他一门心思读书，取得了很大的学业成就。

曾巩历来主张施民以教化，认为"教化既成，道德同而风俗一"，他把教化看做是治理国家的根本手段。他又一贯重视培养人才，爱护青年，奖掖后进。他认为，人的才能不是天生的，而是从后天学习中获得的，而办书院、兴庠序，这些都是培养造就人才的重要途径。

在他写的《宜黄县县学记》中，他就从正反两方面阐明了教育对培养人才、改革政治、转变社会风气的巨大作用。文中他不在一个县学的微观记述上着墨，而是目光远大，立论高远，提出当世之务乃"以学为先"。

他认为教育绝不仅仅是消极地防止学生邪僻不正，其根本宗旨，在于改变人的精神面貌，塑造学生美好的心灵。学生通过学习，就会有清明的见识，正气充沛于心胸。有了这样好的素质，那就可以担当大事，"履天下之任"。即使处于生死祸福的紧要关头，也不会动摇他们的意志，即使经历衰败的时代，其品性也不会变，国家也不会因此而乱。

曾巩在这篇文章中列举了上古时代教育的种种优点，例如学校办得多，教学内容丰富，重视训练学生的办事能力，实行奖惩以激励学生上进等。其实他是托言往古，针砭现实，同时也是以此为由以宏观的视野，抒发自己的教育思想和主张。

曾巩是主张知识教育与道德教育并重的。他的这一观点在作于治平三年（公元1066年）的《筠州学记》中有了发展。曾巩认为那种"所闻或浅而其义甚高"与"所知有余而其守不足"的现象，都有失偏颇。正确的教育方法应该是"学行并重"，既要"先致其知"，又要注意"正心修身"。而在当前，则是要抓住读书人"多知"的有利条件，加强道德教育。

曾巩非常重视教师的作用。他说："师友以解其惑，劝惩以勉其进，戒其不率。"（《曾巩集·宜黄县县学记》）他还进一步指出："至于学官，其能明于教率，而详于考察，有得人之称，则待以信赏。若训授无方，而取舍失实，亦将论其罚

焉。"（《曾巩集·劝学诏》）

在这里，特别值得一提的是，在当时的年代里，曾巩还非常重视女子教育。他说："昔先王之教，非独行于士大夫也，盖亦有妇教焉。故女子必有师傅，言动必以《礼》，养其德必以《乐》，歌其行，劝其志，与夫使之可以托微见意，必以《诗》。此非学不能，故教成于内外，而其俗易美，其治易洽也。"（《曾巩集·夫人周氏墓志铭》）曾巩提倡女子教育，是具有进步意义的。

大力兴办兴鲁书院，这使曾巩的教育思想有了实践的场所。由于曾巩的推动，以后历代官吏对兴鲁书院都十分重视，后来它成为临川一带影响很大的一所书院，使得临川的文脉延续八百多年而不衰，这些皆有赖于曾巩的当年之功。

第十四章　当官为民

熙宁六年（公元 1073 年）十月，曾巩到达襄州。

襄州古称襄阳，位于汉江中游，与樊城南北对峙，千里汉江从两城之间流过，地处要冲，水陆交通方便，但北水南山构成天然屏障，易守难攻，历来是兵家必争之地，也是金庸小说当中郭靖对抗蒙古大军的地方。

襄州自古多出贤才，诸葛亮、庞统都出在这里，其余如习凿齿、孟浩然等才俊之士，不可胜数。

曾巩莅任之初，发现前任遗留的一起冤案，导致被拘囚的人犯把牢狱都塞满了，其中有些人已判死罪，只待秋后问斩。曾巩细阅案卷，反复研究，对照法律，认为这些人犯根本够不上治罪，更不要说是判处死刑了，于是，他立即将在押的一百多人尽行释放。襄州百姓尽皆称颂曾巩清正廉明，决狱明敏果断。

曾巩当地方官时治事甚严，且有胆识，在自己职权范围内，该做的事情便大刀阔斧地去做，他所到之处，均非常重视兴修水利，发展生产。在襄州上任之后，他立即赶到宜城，实地察看长渠这一水利工程，并针对水渠的利用效果深入百姓中间进行问询。

当地百姓告诉他，自从修复这条水渠后，它一直在发挥着良好的灌溉效益。曾巩听了很高兴，于是，将原有的维护水渠的公约上升为一项法令，并且将其公布，然后上报到司农寺。

针对这件事，曾巩还写了一篇《襄州宜城县长渠记》，强调地方官在关心、改善人民的生产和生活条件方面，负有义不容辞的责任。

有一天，朝廷派人来了解兴修水利的情况，曾巩照例宴请了他们。这些人都是从朝廷派来的官员，他们来到地方之后，乘机要挟曾巩，想捞些钱财。

官员说："昨日大星坠于西南，声震如雷，又有小星随之，这是不好的征兆。"

曾巩风趣地说："那没什么，大星坠西南，是视察民情，此地将风调雨顺，小星必然是天狗，它下来办公事呵！"那些企图勒索的人只能自讨没趣。

就在此时，朝廷政局发生了激烈的动荡，其诱因则是一场天灾。

熙宁六年（公元1073年）四月，华山部分地区发生地震，从熙宁六年（公元1073年）冬到七年（公元1074年）春，华山地区久旱无雨，于是保守派喧嚣起来，枢密使文彦博瞄准市易法反攻："现在果实、衣帽等都要由官府监卖，这样做，商贾得不到利益，官绅意见很大，百姓也感到烦忧，有损大宋国体，招致天怒人怨，华山崩塌就是上天发出的警告。"

在这以后，神宗还收到了一些王公大臣弹劾市易司提举吕嘉问"市易违法"的奏表。神宗召来三司使曾布，要他勘查京都市易法存在的问题，于是曾布据实上疏："天下之财匮乏，皆由货不流通，货不流通，由商贾不行，商贾不行，由兼并之家巧为摧抑。故设市易于京师以售四方之货，常低印其价，使高于兼并之家而低于倍蓰之直，官小失二分之息，则商贾自然无滞矣。今嘉问乃差官于四方买物货，禁客旅无得先交易，以息多寡为诛赏殿最。故官吏、牙驵惟恐赍之不尽而息之不多，则是官自为兼并，殊非市易本意也。"（《宋史》卷四七一《曾布传》）。

曾布的用意很明白，他是想重申市易法的本意，纠正执行中的偏差，并无否定新法的想法。但这时吕惠卿已经跟曾布不和，便在王安石面前进谗说："这是企图终止新法，不可不防。"王安石非常生气，便解除了曾布的职务。

曾布是曾巩的弟弟，他在二十三岁考中进士后，当过七品州县官吏，并由韩维、王安石引荐入朝做官。他后来上书论为政之本，得到了神宗的召见，他的言论和意见深契神宗之意，一连三日，五次受到敕告，曾布一直做到了翰林学士兼三司使，成为王安石的主要助手。

《扪虱新语》记载："王荆公尝曰：吾行新法，始终以不可者，司马光也；始终认为可者，曾布也。其余皆出入之徒。"可见曾布推行新法是很坚定的。考察他在朝廷行事的种种，可知其是一个坚持改革，有原则、有操守、正直敢言的人。

《文献通考》的作者说："则其文理密察之才，与纵横奥博之辩，必有大过人者。"钱大昕还说曾布是一个"风流儒雅，辉映一时"的人物（《潜研堂集·跋九唯石题名》）。如今，曾布却因指出吕嘉问在实施市易法中的一些弊端，被吕惠卿趁机排挤免职，这标志着变法集团内部的分裂，也说明王安石听不得不同的意见，即使是他平时十分倚重的人的意见。

由于旱灾继续发展，保守派更加起劲地鼓噪起来。朝廷大员郑侠献所绘《流民图》，猛烈攻击王安石和新法。相信天人感应的神宗，惑于近臣和后族的谗言，认为旱灾是由于免役钱太重，人神共愤所致，导致"中夜以兴，震悸靡宁"。韩维见此便力劝神宗痛责自己，下诏广求直言，大发恩命，以和人情。于是神宗对新法产生了动摇，居然下诏责己，说什么"涉道日浅，睹于致治，政失厥中，以干阴阳之和"，要"中外文武臣僚，并许实言朝政阙失，朕将亲览，考求其当，以辅政理"。

从这个时候开始，神宗便站到了保守派的立场上，开始指责起新政来了。这使保守派大受鼓舞，奔走相告，有的老臣竟然高兴得失声痛哭。变法的形势急转直下。

至熙宁七年（公元1074年）四月，神宗已将新法罢去十分之八。后来，经过吕惠卿、邓绾等人谏争并环泣于帝前，新法始奉行如故，只是暂罢方田法。在这种情况下，王安石六上《乞解机务札子》，请求罢相。

四月，神宗下诏，准王安石以吏部尚书、观文殿大学士出任江宁府，任命韩绛为同平章事，吕惠卿为参知政事。吕惠卿上台后，便立即把曾布贬到饶州（今江西上饶）。

曾布遭贬后，也影响到正任馆阁校勘的曾肇，导致其被夺主判，滞于馆下。这个时候，有不少人风言风语，企图借机陷害，大家都为曾肇捏了一把汗，觉得他处境危险，但曾肇仍然是"恬然无愠"。

吕惠卿欲找曾巩的麻烦，事实上，前些年他就派其弟吕升卿上表过曾巩的过失，但一无所获，也就只好暂时放在一边了。这时，曾巩在襄州当太守已有两年，襄州这样一个难以治理的地区，在曾巩的治理下，变得井井有条，百姓安居乐业，尖锐的社会矛盾也有所缓和。由于政绩明显，吕惠卿一时找不出曾巩的麻烦，只好暂放一手。

第十五章　政绩卓然

元丰三年（公元 1080 年）九月，神宗召见了曾巩，曾巩的才华和政绩得到了神宗的赏识。

几天之后，曾巩呈上《移沧州过阙上殿札子》，其主旨在于歌颂神宗的功绩。他在文中说道："陛下神圣文武，可谓有不世出之姿……于是慨然以上追唐虞三代荒绝之迹，修列先王法度之政，为其任在己，可谓有出于数千载之大志。变易因循，号令必信，使海内观听，莫不奋起，群下遵职，以后为羞，可谓有能行之效。今斟酌损益，革弊兴坏，制作法度之事，日以大备，非因陋就寡，拘牵常见之世所能及也。继一祖四宗之绪，推而大之，可谓至矣。"

又云："今陛下履祖宗之基，广太平之祚，而世世治安，三代所不及。则宋兴以来，全盛之时实在今日。"

神宗对曾巩很是欣赏，遂任命他在京判三班院任职。回到京城的曾巩很想多为朝廷出点力，他想起十月二十六日那天赐对延和殿的时候，神宗对他慰勉有加，向他询问治理国家之道，以及当世之事，究竟有什么弊病，如何克服等。曾巩没想到皇帝会突然间问及这种国家大事，思想上准备不够，加上口才也不算好，所以在应对之时，没有把自己的意见完全表达出来。回家之后，他深恨自己"智之不明，辞之不敏"，失去了一次向皇帝建言的机会。于是，他写了一封《乞登对状》，要求皇帝再次召见他，以便陈述他的政见。而在这封奏状里，他只是举其大要。他说："今陛下以法制度数，宜有所自。"又说："始自三省，至于百工皆正其名，正名然后位定，位定然后事举"，"使万官千品各循其分，彝伦庶绩皆得其任"，"庶务虽众，举其目而无不周，四海虽广，正其本而无不治"。神宗甚为赞许。

嗣后，神宗数次在便殿接见曾巩。曾巩所言皆是国家安危大计，他的建议每每得到神宗的赏识和接纳。十一月二十一日，他在垂拱殿连上了五道札子，即：《请令长贰自举属官札子》、《请令州县特举士札子》、《请西北择将东南益兵札子》、《议经费札子》、《请减五路城堡札子》。不久，又上了《再议经费札子》。

元丰三年（公元1080年），神宗颁赐经过校订的《唐六典》，成立评定官制局，降诏着手依《唐六典》进行官制改革。曾巩想在这个问题上发表意见，再次请求面见皇上。

元丰四年（公元1081年），曾巩仍在京判三班院任职，他上了一封《再乞登对状》。这时，神宗正在进行官制改革。曾巩来到京师供职之时，改制一事已是"百度已成，万务已定"，曾巩对官制改革的问题曾反复建言，就改革官制（史称元丰改制）的问题一连上了三道札子，即《请改官制前预选官习行逐司事务札子》、《请改官制前预会诸司次比整齐架阁版籍等事札子》、《请以近更官制如周官六典为书札子》。所言之事也都非常合理，反映了他心思缜密，经验老到，具有一颗精诚谋国之心。

他在这封奏状中谈到："陛下方上稽《周礼》，旁参《六典》，以更定官制。臣于经营之体，损益之数，愿有毛发之补。伏闻百度已成，万务已定，而臣曾不能吐一言，陈一策，庶得因国大典，托名不泯。今条分类别，宣布有期，臣诚不自揆，以谓建制之日，新旧革易之初，弥纶之术，固不可不有所素具。窃欲自效，少裨圣画之绪余。臣于三者，或万有一得。然事有本末，理之详悉，宜得口陈。"

常年在仕途中漂泊的曾巩虽然回到了京城，但此时已经是故交寥落，昔日好友刘伯声、孔延之，以及王深父、王子直、王容季三兄弟俱皆故去；过去的馆阁同僚丁元珍、孙莘老、郑

穆、林希、苏轼等人，也是死的死、走的走，难得相见。人生的无常常让曾巩感慨不已。

所幸弟弟曾肇在京，此外昔日同僚钱纯为翰林侍读学士，与曾巩私交亦厚，晚年相聚，倍觉亲热。曾巩在京城还有一个亲戚，叫李献卿，他是曾巩继室李氏的叔父，字材叔，这时也在朝为官，因是至亲，故与曾巩也常相往来。

元丰三年（公元1080年），李材叔奉诏去柳州赴任，起程时向曾巩辞行。曾巩设宴为他壮行，并特地为他写了一篇《送李材叔知柳州序》，这是曾巩散文中的名篇，也是别具一格的送别赠序。

元丰四年（公元1081年）秋，曾布由桂林调任陈州（今河南淮阳）。母亲朱太夫人与这个儿子分别多年，想迁往陈州居住。

为了方便照顾耄耋高龄的老母，曾巩毅然呈递了《乞出知颖州状》，状云："臣母年九十有一，比婴疾疹，举动步履，日更艰难……今臣弟布得守陈州，臣母怜其久别，欲与俱行。顾臣之宜，惟得旁郡，庶可奉亲往来，以供子职。而抱疾之亲，陆行非便，今与陈比境……惟颍可以沿流。臣诚不自揆，不讳万死之责，敢昧冒以请。伏望圣慈，差臣知颍州一任。"

曾巩官场漂泊十余载，垂老还都，不过数月，正是圣眷正隆之时，升迁有望之际，他却自求补外，这完全是重孝道而轻富贵的举动。可是，曾巩的一片孝心却没有得到神宗的批准。

第十六章　专典史事

　　元丰三年（公元 1080 年）七月二十四，神宗手诏中书门下曰："曾巩史学见称士类，宜典五朝史事。"曾巩遂升为史馆修撰，管勾编修院，判太常寺，兼礼仪事，专典史事，修《五朝国史》。

　　神宗之所以把这项修史的任务交给曾巩，其中有一个重要的原因。原来，神宗打算把这项工作交给苏轼来做。苏轼和曾巩一样，十多年来也是辗转各州郡，久历风波，而且苏轼的命运比起曾巩来，更加坎坷。

　　此时的苏轼，仍在黄州担任团练副使，官品既低又无执掌，不得签署公事，实际上还是一个罪官。但神宗对于这个身负绝代才华的苏轼很是欣赏，甚至可以说到了喜爱的程度，他想借修史这件事重新起用苏轼。因此，他征询过宰相王珪和蔡确的意见，无奈蔡确与苏轼本是政敌，他便第一个站出来反对，并且提出，曾巩也是修史的合适人选。于是，这才有了对曾巩的任命。

　　神宗交给的这项任命是很不寻常的，以前修国史不但要遴选娴习史事的文学之士，而且要派大臣监督，如今将如此大事专付曾巩一人，自是对曾巩的高度信任。

但曾巩在八月间接到这项任命时，却惶悚不安起来。他知道自己这些年一直受到不少人的嫉妒，攻讦毁谤，无所不用其极。如今这些人多数仍在朝理政，时刻用狼一般的目光盯着自己，神宗对自己越是宠信，越是委以重任，这些人就越是眼睛发红。自己虽然一向谨慎，但肩上的担子重了，管的事情多了，难免不被人家抓住辫子，所以不可有一丝一毫的松懈和疏忽。曾巩就是怀着这样一种忐忑不安的心情去朝见皇帝的，他一边谢恩，一边请皇帝收回成命，理由是：这是一件非常重大的事情，不是我一个人的力量所能担当的。但神宗却对他说："这是我提拔你的第一步啊，你就不要推辞了吧！"

神宗的意图是，将已经写好的《三朝国史》、《两朝国史》合并成书，修成一部《五朝国史》，然后将《三朝国史》先加考详，再与《两国朝史》一起修订。神宗又让曾巩选择几个僚属，以为臂助，于是曾巩举荐了邢恕、陈师道。

邢恕时任秀州崇德知县，朝廷同意了。陈师道目前正在京师，但朝廷却因为他是布衣，没有批准。因为曾巩独典五朝史事，这样的礼遇很少，又因曾巩担任这种重要的职务，是直接出自皇帝的识拔，天下人都认为是一种荣遇，所以有不少亲朋故旧写信祝贺。

曾巩曾写有《回人贺授史馆修撰状》，从文中可以看出他此时的心情。状云："伏念巩齿发早衰，材资素薄。差池一纪，久流落于风波；推徙七州，寝沉迷于簿领。讵期皓首，获奉清光。拔于多士之中，宠以非常之遇。惟累朝之盛典，垂列圣之鸿名，宜得异能，使之实录，岂伊鄙钝，可尽形容。惧莫副于简求，方内怀于兢愧。敢意眷私之厚，特迁庆问之勤。矧奖饬之逾涯，俾贪缘而借重。其为感幸，难既敷陈。"这篇文章表明曾巩对于朝廷这个任命，是喜忧交并，兢兢业业，打起精神认真对待的。他感激神宗对他的知遇之恩，但又因精力已衰而感到凄婉。

但即便如此，他还是尽心尽力地做着整理古籍的工作。这种工作需要史才，需要丰富的知识，同时也需要耐心和细致，最耗心力。比如《陈书》和《梁书》，比较真实地记载了南朝梁、陈两代的历史，但传到宋代，书中就有不少脱误，曾巩便奏请朝廷"诏京师及州县藏书之家，使悉上之"。

神宗允奏，责成各处广为搜访，上送史馆，以供参校。经过曾巩细心校勘，终于完成了这两部书的整理工作。

又如《战国策》是众所周知的一部重要史籍，但流传到北宋时，正文和注解都有散失。曾巩为了挽救这一文化遗产，亲自到士大夫家广泛访求，互相参校，补其缺漏，正其谬误，才使它恢复旧观。其他如《新序》、《说苑》等也都有类似的情况，曾巩本着严谨的态度，一一进行整理，倾注了大量的心血。

曾巩整理古籍时，每完一书，他都要亲自写篇序言。这种序，总的来讲叫书序。目录序则是书序的一种，通常多为介绍作者情况、成书经过、内容特点、版本流行情况等，但曾巩却另辟蹊径，不作面面俱到的评介，而是抓住书中某一种偏向、缺失，集中地进行论列，立足高处，议论精湛，叙述明净，结构谨严，深得校书作序之精髓，表现出一种雍容有度的大家气象。他在这段时间一共写了十三篇书序，提出了许多重要的史学观点以及与此相联系的政治观点、文学观点。

就史学观点来说，他提出了"寓道于史"、"以史明道"

的观点。他是坚持以道为主体的，别的可以变，但道不能变，因为它是根本。他说："惟先王之道，因时适变，为法不同，而考之无疵，用之无弊。"（《战国策·目录序》）所以离开了"道"的史籍是不可想象的。而编写史书的目的则是为了以历史上的是非得失教育和启迪后人，起到一种借鉴和劝诫作用。他在《南齐书·目录序》中开宗明义地表明："将以是非得失，兴坏理乱之故而为法戒，则必得其所也，而后能传于人，此史之所以作也。"正因为修史是一件大事，所以他强调选择修史人才的重要性。他说："盖史者所以明夫治天下之道也，故为之者亦必天下之材，然后其任可得而称也，岂可忽哉！"曾巩认为良史不离道，如果不得其人，写出来的史书"或失其意，或乱其实，或析理之不通，或设辞之不善"。

所以，他对一个良史必须具备的条件，对史传文学思想内容和艺术形式的要求都有具体的阐述。在曾巩所写的一系列的目录序中，最具代表性的是《战国策·目录序》。

《战国策》是刘向汇集前人所记战国时诸国之事而成的一部史书，因书中所记多系战国时游说之士的策略和言论，故定名为《战国策》。刘向在此书的序中说："战国之时，君德浅薄，为之谋策者不得不因势而为资，据时而为画……度时君之所能行，出奇策异智。"曾巩不同意刘向这个观点，认为他是惑于流俗，而不笃于自信。

曾巩写作本文的手法是很高明的，文章的题旨是驳斥刘向所谓战国谋士乃"度时君之所能行，不得不然"的观点的，但他却采取宕开一笔，盘旋转换，反复论辩的行文方法，对刘向欲擒故纵，先扬后抑，虽抑却并不剑拔弩张，而是雍容委婉，点到即止，不动声色而余味无穷。文中处处论先王、说孔孟，实际上是暗指刘向的得失；批评的矛头虽然指向战国游士，实际上却敲打在刘向身上。而他设立这个靶子的目的，就是宣扬他笃信不移的先王之道。全文布局严谨，平易流畅，转折呼应自然，节奏从容和缓，条理明晰，藏锋不露。在遣词造句方面，骈散结合，对比、设问手法交叉运用，达到了抑扬起伏、说理透辟的效果，见下文。

刘向所定《战国策》三十三篇，崇文总目称十一篇者阙。臣访之士大夫家，始尽得其书，正其误谬，而疑其不可考者，然后《战国策》三十三篇复完。

叙曰：向叙此书，言周之先，明教化，修法度，所以大治；及其后，谋诈用，而仁义之路塞，所以大乱，其说既美矣。卒以谓此书战国之谋士，度时君之所能行，不得不然；则可谓惑于流俗，而不笃于自信者也。

夫孔、孟之时，去周之初已数百岁，其旧法已亡，旧俗已熄久矣。二子乃独明先王之道，以谓不可改者，岂将强天下之主后世之所不可为哉？亦将因其所遇之时，所遭之变，而为当世之法，使不失乎先王之意而已。

二帝、三王之治，其变固殊，其法固异，而其为国家天下之意，本末先后，未尝不同也。二子之道如是而已。盖法者，所以适变也，不必尽同；道者，所以立本也，不可不一，此理之不易者也。故二子者守此，岂好为异论哉？能勿苟而已矣，可谓不惑于流俗而笃于自信者也。

战国之游士则不然。不知道之可信，而乐于说之易

合。其设心注意，偷为一切之计而已。故论诈之便而讳其败，言战之善而蔽其患。其相率而为之者，莫不有利焉，而不胜其害也；有得焉，而不胜其失也。卒至苏秦、商鞅、孙膑、吴起、李斯之徒，以亡其身；而诸侯及秦用之者，亦灭其国。其为世之大祸明矣，而俗犹莫之寤也。

惟先王之道，因时适变，为法不同，而考之无疵，用之无弊。故古之圣贤，未有以此而易彼也。

或曰："邪说之害正也，宜放而绝之。此书之不泯，其可乎？"对曰："君子之禁邪说也，固将明其说于天下，使当世之人皆知其说之不可从，然后以禁则齐；使后世之人皆知其说之不可为，然后以戒则明，岂必灭其籍哉？

放而绝之，莫善于是，是以孟子之书，有为神农之言者，有为墨子之言者，皆着而非之。至此书之作，则上继春秋，下至楚之起，二百四十五年之间，载其行事，固不可得而废也。"此书有高诱注者二十一篇，或曰三十二篇，崇文总目存者八篇，今存者十篇。

故世人谓"南丰之文，长于道古，序古书尤佳"是正确的。正因为如此，曾巩的目录序才能和欧阳修的史论序、王安石的经义序同被誉为序体的名作。

第十七章　得罪小人

古人说："故木秀于林，风必摧之；堆出于岸，流必湍之；行高于人，众必非之。"曾巩的命运结局便是这句古训的最好见证。

自从曾巩留京任职判三班院以来，神宗对于曾巩确实是很赏识的。曾巩对朝政屡有建言和请求，一般都被神宗采纳了。

就在曾巩接受了修撰国史的任务之后不久，中书省又命他参加审定《宋会要》的工作。这是一部大书，有三百卷，已经修纂了十多年，编修等官也前后更换了六人，限至秋末成书。但这时已是八月中旬，曾巩觉得，用短短一个来月的时间完成这项十多年尚未完成的工作，实无可能，更何况他一身难二任，于是便上了一封《申中书乞不看详会要状》，后来这个要求终获允准，曾巩才得以集中精力编修国史。

曾巩既膺重任，每天在史馆忙碌，很少和外界往来。有一日，偶遇御史中丞徐禧，徐禧很客气地向曾巩施礼，曾巩问他："贤士是谁？"

徐禧便说了自己的姓名，曾巩说："你就是那个徐禧呵！"

徐禧听了之后大怒："朝廷用某作御史中丞，你哪有不知之理!"

徐禧,字德占,洪州分宁(今江西分宁)人。其人古怪多疑,年少时,博览周游,不事科举,自视甚高,喜谈兵事。后来因吕惠卿举荐,以布衣充经义局检讨,累迁至知制诰兼御史中丞,仍有怀才不遇之感。

后来此人在元丰五年(公元 1082 年)担任郎延路督军,因不谙军事,又刚愎自用,措置失当,在永乐城战败惨死,成为又一个擅长纸上谈兵的人。

曾巩本来为人极好,"与人交,必尽礼",这一次却冷淡了徐禧,而徐禧也绝非宽厚之人,徐禧认为曾巩是有意轻慢他,他怀恨在心,决心对曾巩实施报复,对曾巩编修国史一事进行攻击。

徐禧要报复一个人,自然要搜集证据,而曾巩正在编修的历史,却正好为想抓他把柄的小人提供了机会。曾巩向神宗进了一篇《太祖总序》,不料,这篇文章却惹怒了神宗皇帝,受到了神宗的训斥。

在中国历史上,历代宫廷的隐私都有很多,宋朝也不例外。宋朝有一个非常重要的谜团,就是太祖暴死之谜。根据记载,开宝九年(公元 976 年)十月十九日夜,赵匡胤病重,宋皇后派亲信王继恩召第四子赵德芳进宫,以便安排后事。

宋太祖二弟赵光义得知太祖病重,即与亲信程德玄在晋王府通宵等待消息。王继恩奉诏后,并未去召太祖的第四子赵德芳,而是直接去通知赵光义。

赵光义立即进宫,入宫后不等通报径自进入太祖的寝殿。王继恩回宫,宋皇后即问:"德芳来耶?"

王继恩却说:"晋王至矣。"

宋皇后见赵光义已到，大吃一惊，知道事有变故而且已经无法挽回，只得以对皇帝称呼之一的"官家"之称来称呼赵光义，并乞求道："吾母子之命，皆托于官家。"

　　赵光义答道："共保富贵，勿忧也！"

　　据历史记载，当赵光义进入宋太祖寝殿之后，遥见烛影之下，晋王随即离席，以及发出了"柱斧戳地"之声，赵匡胤随后去世。二十一日晨，赵光义就在灵枢前即位，改元太平兴国。

　　赵匡胤并没有按照传统习惯，将皇位传给自己的儿子，而是传给了弟弟赵光义，后世怀疑赵光义谋杀兄长而篡位。由于当时没有第三人在场，因此一直以来，都有赵光义弑兄登基的传说，却苦于没有证据，所以成了一段千古疑案。

　　在北宋的散文家和诗人中，不少人是学者型的人物，他们研究历史当中的许多问题，但都不敢涉及当朝敏感的事情。曾巩是一个学者型的官员，他一心想修成一部高质量的信史，以此来报效朝廷。曾巩把宋太祖传位给宋太宗一事比喻为尧、舜、禹的禅让，说是"及其传天下也，舍子属弟。是则太祖之受天下，与舜受之尧，禹受之舜，其揆一也。受天下及传天下，视天与人而已，非其心未尝有天下，岂能如是哉"！却不料因此而触犯了神宗的忌讳。

　　曾巩把太祖赵匡胤跟刘邦相比，说："太祖明于大计，以属天下；汉祖择嗣不审，几坠厥世，不及十也。"可就是没有想到太宗之后，却再也没有出现过"舍子属弟"之举，这在客观上是等于捧太祖而贬太宗，也就难怪招惹神宗皇帝生气了。

　　曾巩因此受到了神宗皇帝的训斥，而且，曾巩因进《太祖总序》而受到皇帝斥责的事很快就在朝廷官员中传开了。

　　徐禧借此机会开始进献谗言，迫使神宗把修《五朝国史》的事缓了下来。但是，神宗皇帝并不是一个昏聩之君，他对曾巩这个人已经有了相当深的了解，他知道曾巩对自己忠心，并不是有意以此来贬抑太宗，所以并没有因此事而改变对曾巩一贯的好感，徐禧机关算尽，却一无所获。

第十八章　至交情真

元丰三年（公元1080年）九月，曾巩的母亲朱太夫人病逝，享年九十二岁。曾巩及弟曾布、曾肇俱丁母忧（服丧）。

元丰六年（公元1083年）春，曾巩兄弟三人扶着母亲灵柩经过金陵时，好友王安石前来祭奠。登舟时，王安石发现自己腰间系了一根红带子，系红带子于祭奠的礼数不合，恰好这时有一陪同官在旁，王安石便换了这个人的皂带进屋祭奠。出来时，又将自己的红带子换了回去。

此时的曾巩本来就有病在身，又遭遇了丧母的悲痛，病情更加严重，无法继续扶灵柩前行，只好暂住在江宁治病。

据曾巩之侄、曾布之子曾纡在《南游纪旧》中记载："南丰先生病中，介甫日造卧内。邸报蔡京召试为中书舍人。介甫云：'他如何做得知制诰，一屠沽耳。'又云：'除修注诰词是子固行当，待便当论徽。'时南丰已疾革，颔之而已。"

曾巩一向待人宽厚，和蔼有礼，即使是一些怨恨过他的人去找他，他也十分热情、恭敬地接待，总让来人心悦诚服，高高兴兴地离去。他对自己的部下历来关爱，很少训斥和惩罚他们。有人犯了错误，他就一再讲明道理，开导他接受教训。他任地方官时，在街市上遇有买卖的事儿，他总是买时给人家高价，卖时要人家的低价。

对朋友喜欢直来直去，有啥说啥，虽遭怨恨也不后悔，这是曾巩襟怀坦荡的一种表现。他同王安石的交往就是非常忠实、直率而又宽厚。

王安石二十五岁那年，从淮南判官的任上，请假去临川看望祖母，顺道拜见了曾巩。曾巩特别高兴，异常热情地招待了他，后来还专门赠诗给王安石，回味这次会见的情景。

王安石的父亲死后，葬在江宁府，曾巩为他写了墓志铭。为此，王安石在给一位友人的信中说："先人铭，固当用子固（曾巩的字）文；……某（我）于子固，亦可以忘形迹（即不拘礼节）矣。"

由此可见，曾巩与王安石的友谊的确是很深的。后来，王安石做了宰相，曾一度疏远了曾巩，这不能不说是王安石的一个短处。然而曾巩对他仍然是一如既往，不失为他一位忠实的朋友。在王安石第二次罢相归居金陵（今南京）的时候，宋神宗召见曾巩，并问他道："你与王安石是布衣之交，王安石这个人到底怎样呢？"

曾巩很直率地回答："王安石的文章和行义，确实不在扬雄（汉代著名文学家）之下，不过，他为人持吝（该用的不用，过分爱惜），所以终不及扬雄。"

神宗听了这番话，感到很惊异，因此又问道："王安石为人，是轻视富贵的，怎么说是'吝'呢？"

"我说的并不是这个，"曾巩回答，"安石勇于有为，而'吝'于改过。我所说的'吝'，乃是指他不善于接受别人的批评意见而改正自己的错误，并不是说他贪惜富贵啊！"

曾巩这番话，指出了王安石的长处和缺点，也算是公允之论。并且，就两人的友谊来看，其中还确有些怜惜王安石政治活动失败的意思。

　　曾巩和王安石，是志同道合的至交！两人年岁相近，虽然他科考入仕比王安石要晚十几年，但在文学上的交流和推介，旁人看不出其间有任何地位上的距离，可见其友情的真挚。早在京城开封，两人就一见如故。而曾巩师从欧阳修后，还曾向这位先辈举荐了王安石，他在那封《与王介甫第一书》中，专意告知："欧公悉见足下之文，爱叹诵写，不胜其勤。……言：此人文字可惊，世所无有。欧公甚欲一见足下，能作一来计否？"这证实了欧阳修很赞同曾巩的见解。因为王安石的文字，大多涉及政治时局，一般文士是很谨慎的。欧阳修的赏识只能说他们是知音——他当年也和范仲淹曾一同主持"庆历新政"！

　　曾巩与王安石的友谊持续了四十多年，虽然其中有十来年的时间，由于政见的分歧，使两人的关系蒙上了阴影，但并没有成为政敌，在一定程度上仍保持了私人的友谊。

　　曾巩有一首诗，是这样忠告王安石的：

> 结交谓无嫌，忠告期有补。
> 直道诖非难，尽言竟多迕。
> 知者尚复然，悠悠谁可语？

　　从这首诗中，更可以看出曾巩同王安石交往的密切和友谊的深厚，以及期望王安石接受批评意见的殷切之情。

第十九章　文采卓然

多年前，王安石曾有诗《赠曾子固》："借令不幸贱且死，后日犹为班与扬。"曾巩虽然没有实现他的匡世大志，却不失为班固和扬雄那样的文学大家。《宋史》对曾巩的评价是："立言于欧阳修、王安石间，纡徐而不烦，简奥而不晦，卓然自成一家，可谓难矣。"这就肯定了他的文学地位，也指出了他的文章特色，对他给予了高度的评价。

曾巩的散文有自己的鲜明特色，他和韩愈文章的硬直不同，而偏于柔婉；与苏轼的雄健奔放不同，而偏于敛气蓄势；与王安石峭削奇崛不同，而偏于平和舒缓；与苏洵的明爽疾快、意气风发也不同，而偏于温醇典重、不露锋芒。只是与欧阳修文风相近，但又同中有异，各有个性与特色。欧阳修文章富于情韵，形成一唱三叹的"六一风神"，而曾巩的文章也有博厚平正、含蓄委婉的个性。

曾巩的散文长于叙事，散文是一种以叙事和评论相结合，夹叙夹议的文学样式，叙事与议论的比例，记事与议论的方法，都没有固定的方式，这构成了作品独特的风格。

韩愈的散文以议论见长，滔滔数千言的《原道》，不涉实事，通篇议论，以精辟磅礴的理势，不知震撼过多少代读者。欧阳修为一代文豪，他的散文虽不乏精彩的议理，但一则《醉翁亭记》细画详描，绘尽滁州山川朝暮变化的美景，读之使人满目如画，流连之情长系心田。曾巩则不然，曾巩的散文叙事，注重一个"简"字，他的散文既不像《原道》那样海议洋评尽是理，也不像《醉翁亭记》那样画山绣水，而是篇篇事理结合，以简约精到的勾勒直描情状，直写事态，层次分明，不枝不蔓，细密而有条理。

　　李白作为一位绝代文豪，一生坎坷辗转，历尽人间波折。在曾巩之前的文人，为李白作传者甚众，多则万语，少则千言，尚且难以叙尽李白的生平。而曾巩为李白作传，却别出一格，仅十几句话，就道尽李白六十余年的经历。

在《李白诗集后序》中，曾巩先用五十字介绍完李白的家世、婚姻状况和少年时代的生活，然后写道："去之齐鲁，居徂徕山竹溪，入吴，至长安，明皇闻其名，召见以为翰林供奉，顷之不合去。"

李白从入齐至离开长安，是他一生中轰轰烈烈、名震四海的非凡年代。在此期间，他由风流倜傥、春风得意转而遭人嫉恨，受轧失志、愤然而出长安，其中历尽多少曲折波澜、惊涛骇浪，载之史籍足以连篇累牍。曾巩在这里却仅仅用了三十三字，就概括了这段不平凡的历史，并使人读后基本上把握住李白这段生平的状况。这的确是一段极为练达、简约的精妙文字。

紧接着，曾巩用"抵赵、魏、燕、晋"，"涉岐合"，"历商於"，"至洛阳"，"游梁"，"复之齐、鲁"，"南浮淮、泗"，"再入吴"，"转徙金陵，上秋浦"，"奔亡至宿松"，"坐系浔阳狱"，"流夜郎"，释"巫山"，卒"当涂"等简略的文字，叙述李白出长安后的游历，以及因李璘造反获罪流放、被释，最后病死当涂的全过程。这么漫长的生活道路，也仅用了三百余字，介绍得详而不密，疏而不漏，简约而不失其全貌。曾巩高超的叙事技巧，由此可窥见一斑了。

《秃秃记》则记叙了庆历年间一件真实的罪案：嘉州司法孙齐，弃妻娶妾纳娼，夫人周氏告之官，孙齐以钱贿赂，并私窃周氏所生子秃秃外逃。最后为了不使周氏据有口实，居然把亲生儿子、五岁的秃秃"扼其喉""倒其足"，"抑其首瓮水中乃死"，并挖土四尺，埋于墙下。

这桩案子从孙齐娶周氏到溺子秃秃，中间骗妻、弃妻、纳娼、贿官、窃子、杀子历经五年，其事曲折复杂，惊心动魄。曾巩仅用五百余字，就从头到尾、绘声绘色、有情有感地描述了事件的全过程，言简意赅，有条有理，这篇文章是古代叙事散文中的上品。

秃秃，高密孙齐儿也。齐明法，得嘉州司法。先娶杜氏，留高密。更绐娶周氏，与抵蜀。罢归，周氏恚齐绐，告县。齐赀谢得释，授歙州休宁县尉，与杜氏俱迎之官，再期，得告归。周氏复恚，求绝，齐急曰："为若出杜氏。"祝发以誓。周氏可之。

齐独之休宁，得娼陈氏，又纳之。代受抚州司法，归间周氏，不复见，使人窃取其所产子，合杜氏、陈氏，载之抚州。明道二年正月，至是月，周氏亦与其弟来，欲入据其署，吏遮以告齐。齐在宝应佛寺受租米，趋归，捽挽置庑下，出伪券曰："若佣也，何敢尔！"辨于州，不直。周氏诉于江西转运使，不听。久之，以布衣书里姓联诉事，行道上乞食。

肖贯守饶州，驰告贯。饶州，江东也，不当受诉。贯受不拒，转运使始遣吏祝应言为复。周氏引产子为据，齐惧子见事得，即送匿旁方政舍。又惧，则收以归，扼其喉，不死。陈氏从旁引儿足，倒持之，抑其首瓮水中乃死，秃秃也。召役者邓旺，穿寝后垣下为坎，深四尺，瘗其中，生五岁云。狱上更赦，犹停齐官，徙濠州，八月也。

庆历三年十月二十二日，司法张彦博改作寝庐，治地得坎中死儿，验问知状者，小吏能简对如此。又召邓旺诘之，合狱辞，留州者皆是，惟杀秃秃状盖不见。与予言而悲之，遂以棺服敛之，设酒脯奠焉。以钱与浮图人升伦，买砖为圹，城南五里张氏林下瘗之，治地后十日也。

呜呼！人固择于禽兽夷狄也。禽兽夷狄于其配合孕养，知不相祸也，相祸则其类绝也久矣。如齐何议焉？买石刻其事，纳之圹中，以慰秃秃，且有警也。事始末，惟杜氏一无忌言。

《越州赵公救灾记》同样是一篇叙事文。熙宁八年（公元1075年）夏，吴越大旱，民饥馑疾疠，死者殆半。越州知州赵抺奉命救灾。他赴越后，采取一系列措施，克服重重困难，使民"得免于转死、救灾过程中"，他所做之事极多且杂，然而曾巩在文中，先叙赵公救灾前的种种布置，再叙救灾中察访民情，放粮赈衣，减息去租，并制定各种法规维护治安。又给百姓送药送医，收养弃民，生动地表现出赵公昼夜努力、事无巨细、事必躬亲的负责精神。文章内容虽千头万绪，但叙述得层次分明，细密而有条理。曾巩散文不但善叙事，而且论理透辟。他的论理文章观点鲜明，论据充足，围绕论题步步深入，并善于从不同的侧面和不同的角度反复论证，使议论淋漓尽致，有很强的逻辑力量。

《宜黄县县学记》是一篇为县立官办学校所作的记文，文章中，作者高度评价"学"的重要性。曾巩一贯重视"学"，他认为世间万事，大到国家天下，小到饮食起居，都与"学"

相关。在这篇记中，他开宗明义就提出"古之人，自家至于天子之国皆有学"，把"学"的至关重要性和普遍性意义一语托出。

然后，文章紧承论题，分几个层次加以论述：先谈古代建立学校的成绩，次说后人废学以至"仁政之所以不行，盗贼刑罚之所以积"的恶果，又归到宜黄县的立学而加以赞扬，最后提出以"使其相与学而明之，礼乐节文之详，固有所不得为者。若夫正心修身，为国家天下之大务，则在其进之而已。使一人之行修移之于一家，一家之行修移之于乡邻族党，则一县之风俗成，人才出矣。教化之行，道德之归，非远人也"。他把学与道德的完善及经邦治国之大业相并列，劝勉人们努力学习。文章旨在倡学，先正面谈学则兴，又反面谈不学则败，从治国谈到修身，从思想谈到行动，条分缕析，正议反证，层层推进，错落有致，大学问说得透彻不远人，小学问说得精深可入道，既使人不畏难而乐于造就，又使人薄虚名而实有所用，把办"学"之理，阐述得深刻透彻。曾巩言学之技，可谓善矣。

《兜率院记》是曾巩一篇主题突出的反佛教文章，此文以独特的议论方式，产生出强烈的批评效果。文章本意为斥佛，但却不涉主旨，却意外地提出"古者为治有常道，生民有常业"的问题，似乎离题千里。然而，紧接着，文笔一转，"若夫祝除发毛，禁弃冠环带裘，不抚枷末机盎……而曰其法能为人祸福者，质之于圣人无有也"。他从违背"常道"与"常业"的反面，提出"佛之兴"是违反社会的一般规律，是为前人先哲所不容许的。然后，文章继写汉魏以来佛教大盛，人多皈依，以致地无所耕、衣无所织，佛业用之千金劳役万民，最终造成倾府空藏、百业待毙的状况。在如此充足的事实面前，"诣其终何如焉"。至此，佛之害已昭然若揭，佛之当反的道理便不言自明了。

曾巩的散文，还常常使用夹叙夹议的方法，寓说理于叙事之中，既使道理得到透彻的论证，又避免平铺直叙，使文章有起伏，有趣味，事、理互为增色。

《墨池记》就是这种叙议相交、理精论透的代表作品，文中先有三十多字的一段叙述："临川之城东，有地隐然而高，以临于溪，曰新城。新城之上，有池洼然而方以长，曰王羲之之墨池者。"简单明晰，一目了然，这是叙事。接着，文章又说："羲之尝慕张芝，临池学书，池水尽黑，此为其故迹，岂信然邪?"这是叙中带议提出议题。然后，又是一段对王羲之一生轻宦薄利、洁身自好的赞美的叙中带议的文字，紧跟着，是一段对王羲之书法取得卓越的成就绝不在"天成"而在于"精力自致"的议论，最后水到渠成地道出全文中心论旨所在的"欲深造道德者","岂其学不如彼"的结论。

文章分三层，先是开门见山，切题叙说墨池，然后由池及人，褒扬羲之轻仕重艺的美德，最后阐发主旨，勉励"欲深造道德者"须有王羲之学书尽黑池水的毅力和精神。三个层次，由事到人，由人喻理，据理诲人，一环扣一环，结构巧妙而严整。

更值得一提的是，曾巩在短短二百余字的文章里，用夹叙夹议、叙中有议、议中带叙的交融手法，把主题推向高潮，使人至此才洞晓叙事之用心所在。理据事而存，事依理而深，画龙点睛，相得益彰，使短短一篇《墨池记》成为千古佳文。

临川之城东，有地隐然而高，以临于溪，曰新城。新城之上，有池洼然而方以长，曰王羲之之墨池者。荀伯子《临川记》云也。羲之尝慕张芝，临池学书，池水尽黑，此为其故迹，岂信然邪？

方羲之之不可强以仕，而尝极东方，出沧海，以娱其意于山水之间。岂其徜徉肆恣，而又尝自休于此邪？羲之之书晚乃善，则其所能，盖亦以精力自致者，非天成也。然后世未有能及者，岂其学不如彼邪？则学固岂可以少哉！况欲深造道德者邪？

墨池之上，今为州学舍。教授王君盛恐其不章也，书"晋王右军墨池"之六字于楹间以揭之，又告于巩曰："愿有记。"推王君之心，岂爱人之善，虽一能不以废，而因以及乎其迹邪？其亦欲推其事，以勉其学者邪？夫人之有一能，而使后人尚之如此，况仁人庄士之遗风余思，被于来世者何如哉！

庆历八年九月十二日，曾巩记。

曾巩是一位学识渊博、知古通今的散文家，有很高的史学修养，他的文章旁征博引，借古喻今，提笔纵横千里，出语经史子集，各类典故随手拈来，文章虽然平和冲淡，却言微旨远，于平淡中见透辟。

《相国寺维摩院听琴序》从题目上看，文章应是欣赏音乐之作。然而，曾巩下笔却是从"古之学士之于六艺"谈起：从古之六艺说到家学，由家学说到衣食，由衣食说到步履，由步履说到《雅》、《颂》之乐，再由此发出"养之至如此其详且密也"，对古代圣人的博学多知深表钦佩；然后又由博学之难而谈其博学之道在于养其性、善其德，从孔子的"兴于《诗》，立于《礼》，成于《乐》"，最后说到学习音乐可以陶冶人的性情。短短几百字的文章，诗书礼乐，德行性情，先圣今儒，全纳入笔端。借古论今，说事论理，纵横开阖，汪洋恣肆，而这一切又显出叙述上的从容不迫，合情合理，读之让人深思、遐想，让人对作者学识的渊博、文才之精妙叹为观止。

此外，如《广德湖记》《洪范传》《上蔡学士书》等，都是曾巩散文中的上乘之作。他的作品几乎篇篇以学识力透纸背，理事相融而不见斧凿之痕，篇幅简短而内容实厚，文似平淡而实雄奇、透辟。

第二十章　儒学思想

　　曾巩生活在中国古代封建社会，在漫长的封建社会里，儒家思想占据封建意识形态与文化生活的主体地位。

　　作为崇奉孔孟学说的儒学知识分子，他们在政治上站在保守、落后的一方，一方面主张"祖述尧舜，宪章（效法）文武"，在不断前进的历史潮流中，要求保持、恢复远古氏族统治体制，在残酷的阶级压迫与阶级斗争的社会中，以温情脉脉的面纱，公开维护压迫阶级的剥削与统治；另一方面，又推崇"礼乐"、"仁政"，提倡"民为贵，社稷次之，君为轻"的思想，反对过分的、残酷的、赤裸裸的压迫与剥削，要求保存原始民主和人道主义的"王道"，并以极大的热情鼓吹个体人格道德的完善，强调学习和教育，推崇为"经世致用"而追求知识，冶炼情操，"苦其心志，劳其筋骨，饿其体肤，空乏其身，行拂乱其所为，所以动心忍性，增益其所不能"，之后准备去接受"天将降大任于斯人"的历史使命。

　　宋代以后，儒学日益发展成僵化的信义与教条，走到"存天理，灭人欲"的极端，成为封建统治阶级毒害与奴役人民的工具。在历史的长河中，儒学作为一种长期具有影响力的思想，它积极与消极的两个方面都渗透于中华民族文化心理结构之中，有着深远的影响和作用。

作为生活在封建时代的文学家，曾巩是儒家思想的笃信者，他的一生基本上是以孔孟思想为旨归，他崇尚孔孟，"心笃于仁"（《战国策·目录序》），青少年时代就潜心儒学，"考先王之遗文，窃六艺之微旨，以求其志意之所存"，壮年时亦砥砺初志，"日夜刻苦，不敢有愧于古人之道"（《上欧阳学士第二书》）。

"年齿益长，血气益衰，疾病人事，不得以休，然用心于载籍之文，以求古人之绪言余旨，以自乐于环堵之内"（《与杜相公书》），可见曾巩奉儒学之诚。

在思想上，他把圣人和儒经奉为最高准则，认为"刑名兵家之术，则狃于暴诈，惟知经者为善"（《筠州学记》），把"先王之道"（指尧舜治世之法），儒家的经义，视为"于天地人事无不备"的至理。由此，他无论行事为文，都恪守儒说，成为儒家思想的正统继承人。

在政治上，曾巩同样继承了儒家的"仁政"思想，由于他贫微的家境与几十年求学于四方及入仕后长期奔波于仕途的经历，他对百姓的疾苦与官僚的弊政有着非常深刻的认识。因此，在国家的统治方法上，他一直强调以孔孟的"王道"来治理天下。在他看来，"先王之道"实际上是一种以民为本的仁政之道，"周之先，明教化，修法度，所以大治"及其后"谋诈用，而仁义之路塞，所以大乱"（《战国策·目录序》），这些均说明了仁政的重要性。

"法者，所以适变也，不必尽同；道者，所以立本也，不可不一"（《战国策·目录序》），他认为，在不同的形势下，治国的具体方法可以改变，但仁义之本是不能废弃的。因此，他高度赞扬唐太宗虚心纳谏、仁心爱人之举，热烈评价宋神宗时越州知州赵抹救灾中"事细巨必躬亲，给病者药食，多出私钱"的爱民精神。这种以民为本、爱民如子的思想，贯穿了曾巩的一生，无论求学还是入仕，他都以报国效民为己任，鞠躬尽瘁，为百姓做了许多好事，这都是与他这种"民本"、"仁政"思想分不开的。

与儒家先贤和继承者一样，曾巩非常强调道德的完善和人格的冶炼。从唯心主义人性论出发，他认为人的本质是诚善，但仍须进一步完善。他认为"圣人者，道之极也"，"神也者，至妙而不息者也，此圣人之内也"（《梁书·目录序》），把孔孟之道的最高体现，归结为人性与道德的完美结合。而要想进入这种圣境，必须通过"修身养性"方可获得。如何修炼？他说："古之欲明德于天下者，必始于知至意诚。心正然后身修，身修然后国家天下治，以是为人学之道，百王莫不同然。"（《洪范传》）这段话，一方面强调个人的内心修养，注重内省功夫，另一方面强调格物致知，学思结合，以博学勤思，达到"求其放心，伐其邪气，而成文武之材，就道德之实的身修"的效果，然后以高度道德修养之身，齐家、治国、平天下，这即是曾巩认为能使人"入圣"的全部方法和过程。

在这个过程中，他尤其提倡学和思，认为"诚意正心修身，以治其国家天下，而必本于先致其知"（《筠州学记》），"求之贵博，蓄之贵多"（《自福州召判太常寺上殿札子》）。知言之要，知德之奥，才能真正达到学之完备的境界。学之博约后，还要善思。他认为"貌、言、视、听、思"中，思为主导。

他说："思者所以充人之材以至于其极。"（《洪范传》）"忌日睿，睿作圣，盖思者所以致其知也。"（《梁书·目录序》）深思可以促进学之发达，可以使人之才力发展到极致。曾巩把思的作用，提高到如此崇高的地位，足见其对思的重视。由深思而知至，知至而意诚，心正达到身修，再以仁政教化治国平天下，实现"圣人之治"，这是贯穿曾巩哲学思想、政治思想、教育思想的一条主线。曾巩注重道德修养，注重经世致用，这基本上是对儒家思想的全面继承，他是一个正统的思孟学派。

然而，他并不像在他以后的宋明理学家那样空谈"心性"，把佛道引入儒学，使儒学走向"空无"之路，而是把自己的立足点站在为现实服务的立场上，力图造就博学善思、品德高尚的人为现实服务，为民谋利；也不像理学家那样，把道德修炼变成"存天理、灭人欲"的精神枷锁，而是在"民本"思想指导下，提倡个人道德完善以实施"仁政"。

由此可见，曾巩是一个忠实的儒者，但又不是一个"腐儒"，他身存时代的局限，但又不是暴虐统治的顽愚工具；他主要是一个同情人民疾苦、热心为社会服务的文学家，而不是政治家、思想家，这一切，都是我们在评价和认识曾巩的儒家思想时所应该注意的。

作为儒家思想的继承者和宋代诗文革新运动的健将，曾巩的文论思想，首先是看重文章的社会作用。在《上欧阳学士第一书》里，曾巩说："退之既没，骤登其域，广开其辞，使圣人之道复明于世，亦难矣哉。近世学士，饰藻绘以夸诩，增刑法以趋向，析财利以拘曲者，则有闻矣。仁义礼乐之道，则为民之师表者，尚不识其所为，而况百姓之蚩蚩乎。圣人之道泯泯没没，其不绝若一发之系千钧也。"圣人之道的盛衰，与文章的盛衰紧密联系在一起，文章的社会作用在这里得到了高度的重视。

从他的儒学思想出发，曾巩认为文须"明道"，即文章须贯以鲜明的儒家思想观点，他说："分辨万事之说，其于天地万物，大小之际，修身理人，国家天下治乱安危存亡之致。"（《南轩记》）由此，他从孔子"立于礼"的观点出发，把"仁义礼乐定笔端"作为文章表现内容的前提，在《王子直文集序》里，他提出："至治之极，教化既成，道德同而风俗一，言理者虽异人殊世，未尝不同其指。何则？理当故无二也。"

这种"理"，就是曾巩所认为的"先王之道"。国家治乱要从于"先王之道"，文章表达也须合于"先王之道"，所以他对欧阳修"明道"、"致用"的文学思想，给予了最大的赞扬和支持。

正因为把文章看成明圣人之道、成天下之治的伟业，文章的内容又要求"理当无二"，文章作者自身的道德修养与创作方法，就成为创作是否成功的关键，由此，曾巩对作者提出了很高的要求。首先，曾巩认为作文者须注重个人道德修养的锤炼。他说："盖汉承周衰及秦灭学之余，百氏杂家与圣人之道并传，学者罕能独观于道德之要，而不牵于俗儒之说。至于治心养性，去就语默之际，能不悖于理者，固希矣。"在他看来，百氏杂家，之所以"悖于理"，关键在于不能"观于道德之要"，而"非蓄道德而能文章者无以为也"（《寄欧阳舍人书》）。

在以"明道"之文"经世致用"中，"德"成了"道"与"文"之间的中介。他曾说，铭记之文在于描画人的品行德貌，虽为人所请，执笔者亦应秉公为文，"苟托之非人，则书之非公与是，则不足以行世传后"（《寄欧阳舍人书》），这种不公之文，当然也就失去存在的意义了。

曾巩认为，文章具有辨真伪、明善恶的功用，而"非蓄道德者恶能辨之不惑，议之不徇"。真与伪、善与恶的识别，全在于作者本人的道德情操，故此，他得出"非蓄道德而能文章者无以为也"的结论。

曾巩高度重视文章的表现内容，注重道、事、理的表现，在表现形式上重实写，当然也就反对华丽辞章，反对唯美主义的萎靡文风。他提倡简约、平易的文风，赞扬《尧典》体大精深，但"其言不过数十"，推崇《舜典》的"体至大，但一言而尽"的朴实。

以严肃认真的现实主义手法表现生活，以笃实虔诚的态度阐发"圣人之道"，以简约平易而文质兼善的文词表达思想、描述事物，这构成了曾巩古文理论的整体。

第二十一章 崇古情怀

在治政上，曾巩的崇古集中体现在对于尧舜之道的推崇上，孔子在《论语·泰伯》中盛赞尧："大哉尧之为君也！巍巍乎唯天为大，唯尧则之。"但同时也指出尧有不足之处。

《雍也》中子贡问："如有博施于民而能济众，何如？可谓仁乎？"孔子答："何事于仁！必也圣乎！尧、舜其犹病诸？"《宪问》中也说："修己以安百姓，尧舜其犹病诸？"而曾巩则把尧舜之道推到极致，"欲黜汉唐之浅陋，追尧舜之高明"，他在《洪范传》中说："舜之时，至治之极也。"这种思想与唐韩愈以来的道统论有关。

自从韩愈仿佛统而创道统以推尊儒道，尧舜就列于第一位置。曾巩传承其说，在《厄台记》中言："天下至圣者，尧、舜、禹、汤、文、武、周公、孔子也。"

《自福州召判太常寺上殿札子》也说："尧、舜、汤、武所以为盛德之至。"后于孔子千百年的曾巩离尧舜之世更为遥远，此时的"尧舜之道"已渐渐淡去了"史"的色彩，而虚化为士人们积极追寻的最高理想，不论是修身立命还是为政治国都是如此。故而"追尧舜三代之盛"，一直是士人们在政治上努力实现的理想目标，作为"醇儒"的曾巩更是如此。

但这种追寻中又含有一种通病，即世人多有一种贵远贱近、崇古贱今的思想倾向，从韩愈的"非三代两汉之书不敢观"，到李攀龙"秦汉以后无文"，以至发展到王闿运所谓"三代后无学"，多是如此。这里面虽有矫正时弊的合理性所在，但也不能否认其中潜含着泥古不化的片面性。

可贵的是，曾巩并非是泥古不化之人，细观曾巩所发的议论，可见他并非是"儒生为吏，多以迂拙见嫌"，其中实有着自己的深思熟虑。

曾巩深知，一方面，世人言说先王之道易流于空泛疏阔；另一方面，人们在讥讽言大道者为谈天之说，难切实用的同时，实际上也是在为自己好为苟简，不愿从根本上有所建树相关。因此，他在《筠州学记》中就说："言道德者，矜高远而遗世用；语政理者，务卑近而非师古。"

他在《熙宁转对疏》中，更为严厉地批评道："自周衰以来，道术不明。为人君者，莫知学先王之道以明其心；为人臣者，莫知引其君以及先王之道也。一切苟简，溺于流俗末世之卑浅，以先王之道为迂远而难遵。"

从上，我们可以看出，曾巩所说既非浮泛之论，也不是仅仅出于盲目的崇古贱今。曾巩所遵循的古法是历经千百年的实践检验过的，"其法已行，其效已见"，故而他在《熙宁转对疏》中说："今去孔孟之时又远矣，臣之所言乃周衰以来千有余年，所谓迂远而难遵者也。然臣敢献之于陛下者，臣观先王之所已试，其言最近而非远，其用最要而非迂，故不敢不以告者。"千古不可易之根本法，是为治道之首选，虽相隔千年却最为实用。

这正如《洪范传》中所说："则知二帝三王之治天下，其道未尝不同。其道未尝不同者，万世之所不能易，此九畴之所以为大法也。"如此经验不去遵循，却跑去自己独自造作，自然是一种不明智的选择，其结果往往导致失败。

周代的典章制度就因为其中含有很多这样的基本原则，而成为曾巩追寻的理想目标。因此，作为典章制度集中体现的《周礼》，曾巩对其推崇备至，并力图将之融会贯通于自己的政治思想之中。曾巩对于《周礼》的推崇不仅仅企图在具体施政上有所凭借，更重要的是为了实现"王者之化"。从上述曾巩以《周礼》为变革治政之准则的论述中，我们注意到，他虽参照古法，但同时也注重"考诸当世之宜"。

在这里，体现了曾巩非常辩证的思想，固守与变革、崇古与适时均无偏执，一切"惟当而已"，确是"可谓明制作之体"。其明之知理、其智之通达，不仅体现于史事之撰述，同样也表现在政治思想之中。曾巩深知时移世变的道理，对于古法何者随时间之推移必然将失去其存在价值，何者又能经久不衰，自有其辩证之思。正如曾巩在《说学》中所说的："古之制不必尽用也，其意不可改也。"曾巩始终是以一种变通灵活的态度对待儒家思想的，从某种意义上讲，他这种"仿于古而不迁，近于今而不卑"的精神，更为彻底地继承和发展了儒家传统思想的精华。

第二十二章　光耀千古

元丰六年（公元1083年），曾巩身染重病，四月十一日，曾巩病逝于江宁府，终年六十四岁。

南宋理宗时，追谥曾巩为"文定"，世称"南丰先生"。曾巩文名满天下，政声亦著，当他病逝的消息传出之后，远近的百姓无不叹息。

一代文学巨星陨落了，他留给后人的文化遗产却是异常丰厚的，他被列为"唐宋八大家"之一。曾巩一生的文学活动以散文创作为主，他在中国文坛地位的确立，也主要依靠其出色的散文作品。

中国古代散文的界定，主要看其押韵与否。"文"多指不押韵的文字，它与押韵的"诗"在文体上是两个概念。曾巩一生著述颇丰，其中韵文（即诗）四百余首。

历代均称曾巩以古文名世，从传统的观念看，这种古文作品，都可以进入散文的行列。《元丰类稿》收集了曾巩一生创作的作品五十卷，诗集占八卷，其他均为散文。

曾巩一生，以"圣人之道"为行事作文的根本准则。对于违背儒家学说原则的佛、道教思想，一直采取严厉的批评态

度，这种反佛道的思想倾向，在他的散文创作中也有鲜明的体现。

北宋初期，佛教大盛，统治者为维护封建秩序，麻痹人民的反抗斗志，对佛教采取鼓励政策，致使民间出家人有增无减，寺院寄生经济日益扩张，他们享有特权，免赋税，大大削弱了国力和民力。

在这种形势下，曾巩坚决反对佛教，批评政府的宗教政策，这对于改善国家经济状况和扭转社会风气，无疑有着时代的和历史的进步意义。曾巩反对佛教的思想、态度与其复兴儒家的强烈愿望是紧密相联的。

曾巩以始于知至、意诚、心正然后身修为第一阶段，以身修然后国家天下治为第二阶段，知至是身修的起点，得身修又是以天下治为目的。

他主张"文以明道"，把欧阳修的"事信、言文"的观点推广到史传文学和碑铭文字上。他在《南齐书·目录序》中说："古之所谓良史者，其明必足以周万事之理，其道必足以适天下之用，其智必足以通难显之情，然后其任可得而称也。"

曾巩倾其毕生之力，强调只有"蓄道德能文章者"，才足以发难显之情，写"明道"之文。纵观曾巩一生的创作，也大都是"明道"之作，文风以"古雅、平正、冲和"见称。

一代大儒，陨落在历史的星空下，但他的文字却在中国文学史上熠熠生辉。